陈 锋 著

指向核心素养的
科学高阶课堂新样态

上海教育出版社
SHANGHAI EDUCATIONAL
PUBLISHING HOUSE

自序

基于核心概念,整合学科知识,促进学生参与科学工程实践,实现对重要原理的深入探索,发展学生对科学知识的深度理解并提升学生的科学素养,已经成为国际科学教育研究者的共识,也是国际科学课程改革的方向。

义务教育阶段中,科学是一门综合理科课程,综合物理、化学、生物和地理等多门学科,包含近两百个概念。而概念一直是科学规律和理论的基础,概念学习是实现科学观念建构、核心素养达成的真实起点,尤其是《义务教育课程方案(2022 年版)》以 13 个核心概念和四个跨学科概念架构了新的科学课程。然而,对于科学概念的研究,国外更注重的是学生学习科学概念的心理机制,而国内对科学概念教学研究更偏重"如何教",即大部分都是关于教学策略的,很少有依据教学原理设计完整的、系统的教学过程。

为此,我针对科学概念教学"重讲述轻建构,重操练轻理解"的普遍问题,自 2002 年开始设计概念教学的课堂改革实践路径,开展历时 20 多年系统深入的实践研究,引领全省 30 多个工作室和全国多个区域科学教师开展课堂教学改革实验,采用多种研究方法,秉承"以研究引领实践,在实践中完善提升"原则,取得了显著成效。总结起来,我的课堂研究和实践经历了以下三个阶段:

● 课堂变革 1.0 阶段:探索高效教学策略(2002—2012)。我自 2002 年评上浙江省特级教师以来,就带领工作室成员寻找科学概念教学低效的症结,探索科学概念的高效教学设计。我们利用调查法和行动研究法发现问题,利用视频分析法研究省市优质课设计要素,研究问题解决等教学策略。

主要标志性成果:我设计并执教的问题解决的研究课成为"浙江省中小学信息化工程"样板课,课堂实录 DVD 于 2005 年由浙江省教育厅人事处和教研室、浙江省特级教师协会等五家单位联合组织出版,助力教育薄弱地区实施信息化工程。

● 课堂变革 2.0 阶段:研究系列问题解决和任务中心教学范式(2013 年—2016)。通过多区域调查,我们发现概念浅层教学的系列问题,再利用知识图谱聚焦重要概念,遴选先进教学理论,申报多个省、市课题研究。我运用实验法和课例研究法带领课题组成员,在多个区域开展实证研究,开发出六种问题解决和任务中心概念教学范式,荣获浙江省教育科研优秀成果一等奖。

主要标志性成果:专著《初中科学概念教学范式创新研究》于 2017 年由上海教育出版社出版,已被多个高校理科本科生和研究生遴选为教学设计指导书。

为此,浙江省教育学会物理分会理事长、浙江师范大学资深教授蔡铁权当时给予高度评价:"陈锋老师的新著,从我国当前初中科学概念教学的现状调查开始,从现实的问题出发,这样的研究才真正是有的放矢,这样的研究才能解决我国科学教学中的症结,从而推进我国科学教育的改革与发展。"同时,国内顶尖的教学设计专家、浙江大学盛群力教授也写了推荐词:"学科教学研究与教学设计研究及学习科学研究的结合,值得我们大力倡导。由中学科学特级教师陈锋所著《初中科学概念教学范式的创新研究》一书,是将当代教学设计模式与初中科学教学研究相结合的一种有益尝试。本书针对初中科学概念教学的现状,主要探索了面向'问题解决'和'任务中心'的概念教学范式,提供了相应的典型课例。本书不仅是改进中学科学教学研究、提高中学科学教学的精细深耕之作,同时对其他学科教学也会多有启迪。我真诚地向中小学教师和教研员等推荐本书!"

● 课堂变革 3.0 阶段:建构"高阶课堂"样态(2017 年至今)。成果通过线上线下六条途径在全国推广,推广至省外革命老区和教育薄弱地区,指导一线教师效果显著。我继续申报浙江省重点课题进行深化研究,组织名师团队,运用行动研究法和课例研究法,深入探索科学进阶学习规律,迭代提炼出指向核心概念建构的学习范式,打造"高阶课堂"样态,荣获"浙江省人民政府教学成果一等奖"。我受浙江师范大学邀请,主编范式设计的全省 40 个典型课例,成为其大学三年级必修课程教材《初中科学教学设计指导——问题解决、任务驱动》,2022 年 8 月由浙江大学出版社出版。

主要标志性成果:《问题·任务·项目:指向"高阶课堂"的初中科学概念学习变革》荣获 2022 年"基础教育国家级教学成果二等奖"。本书主要以上述获奖的国家级教学成果为核心内容,也是以上系列成果的迭代升级之作。

我于1987年开始从事中学科学教学,1997年被评为中学科学第一批"浙江省教坛新秀",2002年荣获中学科学第一批"浙江省特级教师"称号,2007年晋升杭州市"教授级中学高级教师",2012年被聘为教育部"国培计划"的科学学科专家库成员。回顾以往,能20年坚持不懈地研究科学概念教学,取得一些成果,除了因为得到蔡铁权教授、盛群力教授的大力指导外,还经常得到浙江省特级教师协会原会长、杭州二中原校长徐承楠先生及浙江大学资深教授刘力先生等专家长期以来的谆谆教导。特别是蔡铁权教授,在多个场合对我鼓励:"令我感兴趣的是,陈锋老师对教学设计理论的关注和重视,我在大学从事教学设计的教学与研究20多年,对相关理论比较熟悉,而且深知教学设计是一门桥梁学科,是教育教学理论与教育实践之间的联结学科,更是课堂教学不可或缺的理论指导。然而,很少有一线教师关注教学设计理论。陈锋老师将当代最新的又对科学课堂教学有直接指导作用的教学设计理论引入了他的研究,这确实是难能可贵的。我们只要阅读书中的设计案例,就会有耳目一新的感觉,并且设计的新颖、内容的精当、形式的规范、策略的丰富、方法的适切,就会深深地领略到教学设计理论的威力。"

同时,我也要感谢浙江省、市、区各级工作室的名师和骨干教师们,我的许多改革创意、课堂教学设计都在他们的课堂中得到了充分实现,我在指导他们的同时也得到了"教学相长"。在研究和完成著作过程中,参考了国内外大量文献,在此也一并感谢!

庄子曰:始生之物,其形必丑。由于本人水平有限,对当代某些教学理论的理解不一定完全准确,书中自创提炼的"高阶课堂"基本特征、设计原则、样态结构和学理解读及应用策略等,可能不一定成熟。但"路漫漫其修远兮,吾将上下而求索",在中国科学教育探索之路上,我期待更多的同行研究者,让我们共同努力!

陈 锋

2024年6月

于京杭大运河杭州胜利河畔

CONTENTS 目录

第一章　当前中小学科学的教学问题和困境突破

核心素养时代呼唤"科学观念为本"的科学教学。科学观念是在理解科学概念、规律、原理的基础上形成的对客观事物的总体认识,是科学课程本质属性的集中体现,是其他素养要求的基础。科学是一门综合理科课程,综合物理、化学、生物和地理等多门学科,包含近两百个概念,而概念是科学规律和理论的基础,概念学习是实现科学观念建构的真实起点。为此,我们认为必须汲取当代教育心理学、脑科学研究及学习理论等精华,依据科学课标要求,聚焦核心概念,探索指向科学观念建构的"高阶课堂"新样态,促进学生深度学习。

第一节　当前科学教学存在的主要问题

以科学概念教学为例,由于科学概念教学在科学课堂中的重要地位,教师普遍对概念教学十分重视、但我们对若干区、县初中科学概念教学的大数据调研中,却发现:84%的教师主要讲解教概念,只有10%的教师会设计任务来教学,6%的教师运用提问式教学,如图1-1所示。导致79%的学生通过做大量习题、21%的学生靠背诵记忆学习概念,陷入浅层学习泥潭。教师概念浅层教学十分普遍,主要表现为:教师过多言语讲述,轻视学生思考;过多习题操练,轻视学生建构。

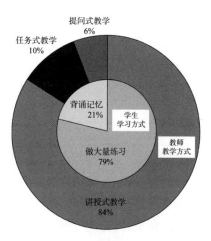

图1-1　初中科学概念教学现状

我们进一步通过大量课堂观察和访谈发现,当前科学课堂教学中主要存在三大问题:一些教师已能提出大量问题,但是问题缺乏挑战性;一些教师自称任务教学,但是任务设计缺少驱动性;大量教师习惯于讲解,不会通过设计项目来促进深度学习。

根据图1-1的调查结果和发现,结合访谈,我们可以看出,大多数教师概念教学的课堂与先进的教学设计理念是割裂的,具体存在着以下的问题①:

一、教学枯燥:告诉代替思考

对于概念,很多教师都采取直接讲授的方法,直接以"告诉"的方式呈现出来。教师常常以教材为本,过多纠缠于概念本身的内容与文字,往往侧重于概念的语义分析。定义记忆和例题辨析。学生在缺乏充分感性认识时记忆概念,失去了通过建构概念来理解概念本质的过程,对概念的认识往往片面和肤浅,导致在以后的学习中不能灵活运用概念,更谈不上对知识的拓展和延伸。这种"以讲代思"的做法,使概念教学变得枯燥乏味,使学生兴趣索然。例如,学生在小学学过"杠杆的用力点、阻力点和支点",很多初中教师教学时却不说明为何要摒弃"用力点"和"阻力点",就直接告知学生杠杆有五要素(支点、动力、动力臂、阻力、阻力臂),出现教学的"空降"现象。②

初中科学是一门以观察和实验为基础的学科,教师应该多创设问题情境,带领学生开展观察、实验及交流探讨的任务性探究活动,从而促进学生对科学概念的理解和内化。

二、教学低效:讲述代替提问

从图1-1中可以看出,部分教师也采取了问题驱动的教学方式,但在问题的设计推进层面却存在一些问题,主要表现为:①问无所指,即问题的指向性不明确。在平时的课堂观察中,我们发现一些教师设计的问题大多缺乏思考方向。②问不促思,即部分教师设计的问题过于简单,无法带动学生思考,某些问

---

① 陈锋.初中科学概念教学范式创新研究[J].教育评论,2016(11).
② 陈锋.基于以任务为中心的初中物理概念教学的高效设计[J].物理教学,2014(7).

题很难,又没有搭好脚手架,对学生启而不发,大量的时间纠缠在对问题的解释上。③问不成链,即部分教师课堂提问很多,但问题之间既缺少逻辑联系,又没有层次性。根据维果斯基的"最近发展区"理论,教学的着眼点应是在学生已解决问题的基础上提出新的问题,学生通过解决难度螺旋上升的问题,才能超越现有知识和技能发展水平。

在对当前初中科学教学的调研中,我们发现以下两点问题:①学生缺乏提出问题的习惯。在教学中,教师讲、学生听已经司空见惯,很少有学生在听的过程中主动要求回答教师的问题,更不要说学生主动提问题了。有调查数据表明,课堂中的教学对话有90%来自教师提问题和学生回答,10%来自学生的提问。大部分学生只习惯接受科学知识和解题训练,而不习惯怀疑和质问。②教师缺乏问题教学的思想。教师在教学中缺乏问题教学的思想,没有创设有效问题教学的情景,不是把问题弄得太大,无法入手,就是把问题分得太小而过于简单,缺乏挑战性。没有形成精心呵护学生问题意识、发展学生问题意识的氛围,以致产生了"问了也白问""白问谁还问"的尴尬局面。①

三、教学机械:操练代替建构

受行为主义学习理论的影响,教师在科学概念的教学过程中有意无意地强调概念的知识本位,大大压缩了概念形成过程,新课教学重操练的情况非常严重。很多教师在引入概念时没有让学生对其必要性获得足够的感性认识,而是直接给出科学概念或计算公式,致使一部分学生只是死记科学概念的内容,而没有真正理解概念的实质。

这种操练型学习是机械的,学生对科学概念的学习不能在感悟中升华。例如,在"压强"教学中,部分教师在没有帮助学生建立"压强是压力的作用效果"感性认识的基础上,直接给出压强的定义和数学表达式,然后进行大量的习题强化,导致许多学生对引入压强的必要性缺乏充分的认识,使得学生失去了科学学习的兴趣。又如,教师先向学生说明"力臂"是"支点到力作用线的距离"

---

① 陈锋,王健.基于五星教学原理的初中科学的问题解决教学[J].物理教学探讨,2016(7).

而不是"支点到力作用点的距离",然后通过大量的练习对"力臂"进行强化。由于学生没有深刻理解"力臂"的概念,故一旦遇到新的或者复杂的问题情境就往往会将"支点到力作用点的距离"当作"力臂"。

我们虽然不能全盘否定习题操练对学生理解、巩固概念的帮助,但是若不善于引导学生进行归纳、思考、质疑,学生常常只能解答熟悉的问题,在遇到新情境的问题时,即使概念很简单,有的学生也会束手无策。通过大量练习来达到巩固和理解概念的目的,不仅没有实现,反而造成学生思维的僵化。

四、教学呆板:记忆代替理解

部分教师对许多概念的教学,仅采取强记的教学手段,学生还未弄清概念的来龙去脉就强行背诵、记忆,部分教师甚至还采取听写、默写等方式考核概念掌握情况。例如,对元素的化合价就采用背诵的方法,强迫学生记住,学习效果可想而知。又如,"力臂"概念的建构是初中科学教学的几大难点之一,现行许多版本的初中理科教材,都回避"力臂"概念的建构过程,直接给出了杠杆的五要素,直接告知"力臂"的定义,直接呈现了杠杆的理想模型。这样做的弊病是显而易见的:教师若不对教材做二次开发,学生就根本无法理解引入"力臂"的必要性,只能向学生凭空灌输"力臂"。学生由于没有获得"力臂对杠杆转动影响"的事实支持,没有通过抽象与概括及循序渐进生成"力臂"的内部思维过程,只能将"力臂"的学习变成机械的记忆过程。

从艾宾浩斯遗忘曲线来看,机械记忆的概念需时常反复才能巩固,但分析科学课程的知识体系发现,由于现行科学教科书中概念编排零散,能够给学生提供反复记忆概念的机会并不多。此外,学生学习的总时间是有限的,能够为他们提供反复记忆的次数也不多,因此学生很容易遗忘。从美国学者埃德加·戴尔的学习金字塔角度,也可知缺乏问题情境、缺少认知冲突的知识学习难以引起学生的共鸣,当然学习效果也不好。

五、教学随意:经验代替策略

我们对大量概念教学课进行课堂观察,发现许多教师在进行教学设计时较为随意,凭经验设计教学,既没有深入研究学生的前概念,也没有较为规范、清晰的教学流程与模式。

有研究认为,科学教育的全过程应该是如图1-2所示的流程。而我们现在的许多课堂往往把科学教育的全过程缩短成了从"理想化模型→找出规律→应用于理想化问题"。"教学链"缩短了,知识"落实"了,教学时间节省了,但学生在实际问题面前却束手无策。因此,真正有意义的知识必须是从一个健全的学习过程而来。新课改提出加强过程方法的教育、加强知识发生过程的教育(效益),重视体验与感悟理念的意义就在于此。

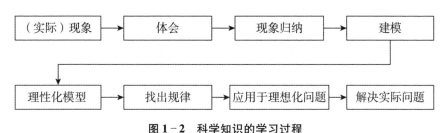

图1-2 科学知识的学习过程

造成以上科学概念教学存在问题的共同原因,是许多教师未能将"学为中心"教学新理念落实在课堂中,教师往往通过自己的经验和知识本位的思想设计课堂教学。传统的教学强调概念的引入、形成、巩固、应用和反馈五个环节,教学设计围绕着教师的"教"。究其深层原因,一是教师缺乏素养导向和实践育人等新课标理念,二是科学概念本身复杂且类型多样,缺乏多样化的、针对性的教学范式或策略。

第二节 国际科学教育的发展趋势及对策

当今世界,新一轮科技革命、产业革命和教育革命加速发展,世界创新格局深度调整。各国都在主动调整和创新科学教育的内涵与方法、政策与实践,以适应时代的发展、社会的转型与技术升级的需求,加强和改进科学教育,培养创新人才。

根据胡卫平教授等专家的研究,自从进入21世纪以来,国际科学教育的改革主要表现有三个方面趋势。第一个方面是基于核心概念,整合课程内容。概念研究始终是科学教育领域研究的主题之一。20世纪80年代中期前,主要研究了学生的概念发展,在20世纪80年代中期到21世纪之前,主要在研究概念的总量,进入21世纪以后,有关概念的研究聚焦核心概念。基于核心概念,整合学科知识,促进学生参与技术与工程实践,实现学生对重要概念及原理的深入探索,发展学生对科学知识的深度理解,提升学生的科学素养,已经成为国际科学教育研究方向。第二个方面是基于年龄特征,合理安排进阶。学习进阶是对核心概念理解的逐级深入和持续发展。通过学习进阶,发展学生对核心概念的理解,帮助学生形成良好的知识结构,使其深度理解科学知识,提高解决问题的能力,也已经成为当代基础教育科学课程改革的核心理念。第三个方面是重视科学探究,强调积极思维。进入20世纪以来,科学探究一直是各个国家科学教育改革的核心问题。科学教育领域提出,科学发展初衷是以科学探究教学来达到训练学生思维的目的。受社会发展背景和科学教育价值观的影响,不同历史时期的教育工作者对科学探究的理解有所不同,主要有三种观点,第一种是将科学探究视为教学方法,第二种是将科学探究视为学习过程,第三种是将科学探究视为育人目标。无论哪种观点,都是以思维能力的培养为核心。能够引起认知冲突的教学情境,促进学生自主探究、合作交流,强调让学生通过总结、反思,建构合理的认知结构,通过应用迁移对知识的理解,加深对知识的理解,提高解决问题的能力。

但是,对科学基本概念,国外更注重的是对学生学习科学基本概念的心理机制的研究,如相异构想、知识空间理论、类比模型和概念图的提出等。而国内对科学基本概念教学的研究更偏重"如何教",关于科学基本概念的教学设计研究大部分都是关于教学策略的,很少有依据教学原理设计完整的、系统的、合理的教学过程。大部分研究都是围绕教学的表面现象,很少有触及概念本质以及思维形成过程的探讨。①

我们研究发现,基于当代教学理论的课堂学习设计,如问题解决、任务驱动及项目学习,能充分体现本次义务教育课程改革的重点,即注重培育学生真实

---

① 彭程.中学化学基本概念分类及意义建构教学设计实践[D].长沙:湖南师范大学,2015.

情境中解决问题的能力；能引导学生参与学科探究活动，开展跨学科实践，经历发现问题、解决问题的过程，从而促进学生学习方式转变，呈现出当代国际教学设计大师梅里尔教授倡导的"效果好、效率高和参与度大"三大特征。

我们认为，必须梳理科学这门综合理科课程的重要概念，深刻领会并遴选当代教学设计理论与模式，汲取当代教育心理学、脑科学研究及学习理论等的精华，结合义务教育阶段学生心理发展和认知水平的特点以及科学新课标要求，研究出指向"问题解决"和"任务驱动"及"项目学习"等多种课堂样态，高效指导初中科学概念课堂教学的设计，才能开发出促进学生高阶学习的优质概念课，从而提高教育教学的质量。

同时，通过研究大量的当代教学理论可以发现，国际上流行的首要教学原理、基于问题的教学法、"ARCS"动机设计模型和"通过设计促进理解模式"等教学理论，能充分支持"问题解决"和"任务驱动"及"项目学习"的设计。我们结合科学概念的特点及学生的实际情况，研究各种理论中与本课题相关的理念。梅里尔教授在 2002 年提出的首要教学原理，其实质是强调具体的教学任务，强调在实际问题解决情境中完成学习任务。基于问题的教学法，本身强调以学生为中心，通过教师引导，小组合作探究，帮助学生提高问题意识、解决问题的能力，对改变许多概念教学课堂中缺乏学生活动，教师一讲到底的现状有着很强的指导意义。"ARCS"动机设计模型由约翰·M·科勒于 1987 年提出，是激发与维持学生学习动机的模型，倡导用有趣的学习任务激发学生的学习动机并促使学生持续、自信地完成任务，获得成功的满足感。美国课程专家格兰特·威金斯和杰伊·麦克泰提出的"通过设计促进理解模式"教学理论，现今已经在美国不少学校进行了试验推广，也取得了令人瞩目的成绩，它对"理解"的剖析十分深入，因此能够对概念的深度学习产生影响。

第三节 "双新"视域下的科学教育改革

新修订的《义务教育课程方案（2022 年版）》，立足世界教育改革前沿，描绘了我国未来十年乃至更长时间义务教育阶段学校的育人蓝图。改革重点主要体现在以下三个方面:一是强调素养导向,注重培育学生终身发展和适应社会发展所需要的核心素养,特别是真实情境中解决问题的能力,基于核心素养确立课程目标,遴选课程内容,研制学业质量标准,推进考试评价改革。二是优化课程内容组织形式,跳出学科知识罗列的窠臼,按照学生学习逻辑组织呈现课程内容,加强与学生经验、现实生活、社会实践的联系,通过主题、项目、任务等形式整合课程内容,突出主干、去除冗余。三是突出实践育人,强化课程与生产劳动、社会实践的结合,强调知行合一,倡导做中学、用中学、创中学,注重引导学生参与学科探究活动,开展跨学科实践,经历发现问题、解决问题、建构知识、运用知识的过程,让认识基于实践、通过实践得到提升,克服认识与实践"两张皮"的现象。

针对本次课改的关键词(核心素养、课程内容结构化、学习任务、综合学习、项目学习、情境学习、深度学习、跨学科主题学习、学科实践等)和义务教育科学课标的修订思路,即素养立意(科学观念、科学思维、探究实践、态度责任)、注意综合、进阶设计、加强实践、立足现实等,我们梳理出科学这门综合理科课程的重要概念,深刻领会并遴选当代教学设计理论与模式,汲取当代教育心理学、脑科学研究及学习理论等的精华,结合学生心理发展和认知水平的特点,以及科学课标要求,研究出指向问题解决、任务驱动及项目学习等多种"高阶课堂"样态,高效指导科学概念课堂教学的设计。

一、理论主张:科学概念进阶学习

在长期研究概念教与学的基础上,我们汲取当代先进教学理论精华,探索科学概念"进阶学习模型",主张参与"问题解决·任务驱动·项目学习"活动达成高阶学习,问题解决和任务驱动式学习可聚焦核心概念建构,项目学习可加快科学观念形成,而问题、任务、项目都可以是单元学习的组成成分。

二、实践模型:素养导向的"高阶课堂"进阶样态

"高阶课堂"样态是指体现"学为中心"的问题解决、任务驱动及项目学习,结合科学概念特点侧重于教学方式、学习方式、认知反应多维度创新的一种教

学形态的结合体,指向学生高阶思维和科学素养的培养。"高阶课堂"的建构理念是:重构教学关系,聚焦核心概念,追求深度学习。

三、操作范式:思维提升的"高阶课堂"实践样态

我们根据义务教育阶段学生心理发展和认知水平的特点以及科学课标要求,探索出"高阶课堂"的四种教学操作范式。它们有进阶和提升关系,即问题解决式学习为前提和基础、须设计出挑战性问题,任务驱动式学习须建立在已有问题解决能力基础上设计出驱动性任务,项目学习需要在问题解决和任务驱动中获得能力的基础上,设计出工程性项目,逐步掌握高阶技能并有效迁移应用到真实情境中来解决新问题,而单元学习可以聚焦核心(重要)概念,关联问题、任务或项目,发挥整体性教学效能。

第二章　指向核心素养的科学"高阶课堂"新样态建构

"样态"是康德于"实体""数量""性质""关系"等传统逻辑判断范畴之外所创设的全新范畴。荷兰哲学家斯宾诺莎认为,"样态"指自然界中所包含的无数具体的个别事物,是"实体"的变形。"实体"是永恒不变不动的,"样态"则是运动变化的。《现代汉语新词语词典》中将"样态"解释为"样式、形态"。教育学领域的"样态"大多沿用这一解释,指课堂教学过程中由师生双方的行为、关系和环境等组成的一种教学样式或形态。

第一节　素养导向的科学进阶学习模型

核心素养是这次义务教育课程修订的统领,在新目标、新教学、新评价等方面均有体现。这三方面构成了课程育人的完整逻辑,也体现了素养导向下课程育人的复杂性与专业性,有助于教师更准确地理解与践行新课程改革的理念。具体表现在:有助于教师确立教书与育人统一的观念,有助于教师推进大单元(大概念、大问题、大任务)教学,有助于教师重视真实情景中的问题解决。[①]

一、"科学观念为本"的教学

本次基础教育课程改革把"科学观念"作为科学学科核心素养的首要内容,这在我国科学教育发展史上具有里程碑式的意义。

核心素养时代呼唤"科学观念为本"的科学教学。它针对传统"知识为本"

---

① 崔允漷,等.新课程关键词[M].北京:教育科学出版社,2023.

科学教学,需要我们站在观念的高度梳理和审视概念体系,厘定和明确概念进程,搭建学生学习进阶的发展框架。事实上,科学观念的概念体系符合金字塔形知识结构,如图2-1所示。

图2-1 金字塔型知识结构

科学观念的学习是由小到大、由浅入深、由详细到概括、由具体到抽象的发展过程。教师需要让学生沿着科学观念发展的"阶"逐步前进,慢慢了解其与学生日常生活中事件的相互联系,帮助学生建立对世界的完整认识。在这个过程中,学习进阶的作用十分重要。这是因为学习进阶丰富了学生在学习科学观念时由经验获得意义的过程,是科学观念发展所遵循的概念序列与思维路径。

在学校的科学教育中,科学观念可以凸显科学概念规律,能够帮助学生理解生活科学现象,对促进学生科学知识的贯通、概括、结构化和系统化也有很大作用。有研究认为,事实经验、概念规律、核心概念可以进阶发展成科学观念①,如图2-2所示。

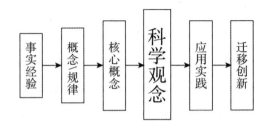

图2-2 科学观念建构模型

---

① 蔡铁权,等.物理概念的内涵、层次和架构[J].物理教学.2019(6).

二、科学进阶学习模型

我们在长期研究概念教与学的基础上,整合诸多先进理论,探索出"进阶学习模型",如图2-3所示。实践中发现,在学习内容方面要进阶形成科学观念,教学方式、学习方式都需要进阶设计和实施,从而获得进阶的学习结果。

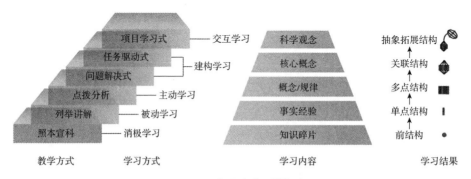

图2-3 "进阶学习"模型

针对"学习结果",我们运用ICAP学习方式分类学[①]、SOLO学习结果分类评价理论等进行了描述。学生在学习概念的过程中,如果教师不关注学生的前概念,一味照本宣科,学生就会消极学习,只会获得知识碎片,陷入前结构阶段中。如果教师只列举讲解事实和经验,学生被动学习,就会进入单点结构阶段中。如果教师点拨分析概念或规律,学生就会主动学习,进入多元结构阶段,但还是处于知识积累阶段即学生反应水平的量变过程。以上都属于浅层学习。如果教师提出学生感兴趣的挑战性问题或驱动性任务,开展"问题解决式或任务驱动式"教学,就会迅速激发学生的学习动机,开展建构学习,自觉整合相关知识点,指向核心概念建立知识结构,解决较为复杂的问题,进入关联结构层次。如果教师能拓展学科教材,围绕科学观念,整合相关概念与生活应用成学科工程性项目,开展"项目学习",就能进入抽象拓展结构层次,培养学生在不同情境中创造性地解决问题或完成任务的能力(素养),加快科学观念养成,发生

---

① 盛群力,丁旭,滕梅芳.参与就是能力-"ICAP学习方式分类学"研究述要与价值分析[J].开放教育研究,2017(4).

深度学习。

第二节　科学"高阶课堂"的内涵

一、"高阶课堂"的内涵

我们研究的"高阶课堂"样态基于长期规律研究的成果——"进阶学习模型"而构建。具体说,学习进阶是对学生在各学段学习同一主题的概念时所遵循的连贯的、典型的学习路径的描述,一般呈现为围绕核心概念展开的一系列由简单到复杂、相互关联的概念序列。我们的"高阶课堂"样态是指以当代教学理论倡导的、体现"学为中心"的问题解决、任务驱动及项目学习,结合初中科学概念特点,侧重于教学方式、学习方式、认知反应多维度创新的一种教学形态的结合体,指向学生高阶思维和科学素养的培养。

值得说明的是,教学方式、学习方式、认知层次的进阶发展,学习结果也会进阶提升。若教师照本宣科会导致学生进入"无学习"状态,即学生被情境中的无关知识信息迷惑或误导,对问题无反应。若教师只列举讲解会导致学生"死记硬背"地被动学习,即学生参与学习任务,只接受与问题解决相关的多个知识信息。若教师点拨分析概念和规律,已能使学生使用多个孤立的知识信息来解决问题,但缺乏整合和领悟能力,没有建立知识信息之间的联系,还是处于"浅层理解"层次。若教师能针对蕴含核心概念的真实情境,提出挑战性问题或驱动性任务,开展问题解决式或任务驱动式学习,激发学生的学习动机,解决较为复杂的真实生活问题,生成知识结构,就能达到"理解,实现迁移"结果。若教师能针对科学观念设计项目,引导学生在关联的基础上交互学习,对真实问题进行更全面的思考,概括出更抽象的特征,生成一般性的假设并应用到新情境中,协作产生作品,那就是"深度理解,达成创新"的结果,如表 2-1 所示。

表2-1 "高阶课堂"发展的进阶框架

教学方式	照本宣科	列举讲解	点拨分析	问题解决式 任务驱动式	项目学习式
学习方式 （活动参与度）	消极学习 （漠视）	被动学习 （接受）	主动学习 （领悟）	建构学习 （生成）	交互学习 （协作）
学习内容	知识碎片	事实经验	概念/规律	核心概念	科学观念
认知层次	再认	再现	理解	应用、迁移	创造
学习结果 （认知反应水平）	无学习	死记硬背	浅层理解	理解， 实现迁移	深度理解， 达成创新

二、"高阶课堂"的建构理念

"高阶课堂"样态，强调变革"教师过多言语讲述和习题操练、轻视学生思考和建构"以及课堂结构单一等现状，指向高阶思维和能力培养。

（一）重构教学关系

教是为了学，教是为了促进学习真实而有深度地发生。教学的着力点要从教师"如何教"转变为"教如何引起学"，激发学生主动、积极地投入学习，促进深度学习发生。

（二）聚焦核心概念

UBD理论强调，促进理解的教学设计就是要克服以往那种在教学中零散片段的内容和活动，聚焦核心概念，以少胜多，鼓励学生在核心概念上花更多的时间深入持久透彻地理解。核心概念具有聚合事实、主题等作用，深入理解可以帮助学生构建知识结构，促进应用和迁移。

（三）追求深度学习

基于真实情景，设计挑战性问题、驱动性任务或工程性项目，才能激发学生学习的积极性，打通知识内容与生活世界的壁垒，引导学生进行复杂的高阶思维和精细的深度加工，在深度理解的基础上，主动建构个人知识体系，促进知识的条件化与情境化，深度掌握高阶技能并有效迁移应用到真实情境中来解决复杂问题,以实现高阶目标、高度投入的深度学习。

第三节 指向思维提升的"高阶课堂"实践样态比较

我们在研究中发现,学生在形成科学观念的过程中,往往经历五层次学习进阶,其中问题解决式、任务驱动式及项目学习式是指向思维提升的"高阶课堂"三种实践样态。课堂样态主要区别如表2-2所示。

表2-2 "高阶课堂"三种样态比较

课堂样态	进阶描述	设计关键	基本特征	设计原则	高阶思维迁移标志
"问题解决式"样态	基于真实问题情景,激发学生提出蕴含核心概念的问题,围绕问题,引导学生探究概念内涵,或设计出任务和项目	挑战性问题	问题性 实证性 合作性 连续性	问题启动性原则 问题序列性原则 参与合作性原则 思维逻辑性原则 学习迁移性原则	分析为主 近迁移 (将概念应用到与该主题相关的一个情景中)
"任务驱动式"样态	在已有问题解决、学习的概念掌握和解决问题能力的基础上实施	驱动性任务	任务性 真实性 应用性 循序性	任务挑战性原则 任务连贯性原则 动机激发性原则 设计聚焦性原则 理解深度性原则	分析、评价 由近迁移到远迁移 (概念从一个主题应用到多个情景相关的主题)
"项目学习式"样态	在问题解决和任务驱动中已获得的概念理解、概念应用基础上,进一步发展,直至完成项目	工程性项目	实践性 协作性 创新性	项目聚焦性原则 项目整合性原则 全程评价性原则	分析、评价、创造 远迁移 (将多个概念应用于不同情景)

第三章　科学"高阶课堂"新样态研究的理论基础

科学"高阶课堂"新样态的研究,是在当代教育理论的指导下展开的。我们在研究中深深感到理论的指导使我们的研究方向明确、思考理性、实践有效。理论的学习,大大开阔了我们的视野,打开了我们的思路。

我们的研究主要依据三方面的理论:学习理论使我们理解学生的学习规律,明确"学为中心"的生本思想,明白学生应该如何习得科学概念;当代教学设计理论使我们明确如何在课堂中落实科学教学的新范式,教学设计是联系理论与实际的桥梁,运用教学设计理论,才使学习理论在科学课堂中的实施有了正确的途径和策略;科学教学方法理论使我们对科学概念教学范式有了创新的灵感。这三类理论之间又是相辅相成、相得益彰的。

第一节　学　习　理　论

在诸多学习理论中,瑞士生物学家皮亚杰提出的儿童认知发展机制理论、奥苏贝尔的有意义学习理论和维果斯基的最近发展区等理论以及建构主义学习理论起了极其重要的作用。

一、认知主义学习理论

（一）皮亚杰的认知发展机制理论

皮亚杰对认知发展的研究始自 20 世纪 30 年代。认知发展得以发展的主要机制被称为平衡。[1] 皮亚杰是率先在其推论中承认下列看法的心理学家之

---

[1]　陈英和.认知发展心理学[M].杭州:浙江人民出版社,1997.

一,他认为我们天生就是主动的、试探性的信息处理者,我们建构自己的知识,而不是套用现成的知识来对经验或教学反应。

在皮亚杰看来,客体只有在主体认知结构的加工改造以后才能被主体所认识,主体对客体的认识程度完全取决于主体具有什么样的认知结构。因此,儿童对于客观世界的解释是根据他们已经知道的关于世界的知识。在皮亚杰看来,不存在着纯粹的客观现实,现实是主体依据已有的认知图式对环境信息进行的建构。

"把儿童当成是小科学家的隐喻是很迷人的,而且对许多发展理论来说也是很重要的。很显然地,儿童并非空白的写字板——被动且无选择性地拷贝环境呈现给他们的任何事物。反之,在他们发展的那个时点中,他们现有的认知结构和处理策略会促使他们从输入的刺激中选择对自己有意义的事项,并呈现及转化与其认知结构一致的被选择之事项。如同皮亚杰所指出的,儿童的认知结构支配着两个部分:他们在环境中所顺应的事物,以及如何同化所顺应的事物。"[1]

皮亚杰指出:儿童认知的发展是通过智力结构的改进和转换而实现的。[2] 结构或图式是皮亚杰理论中的核心概念之一。皮亚杰从发展的角度阐述了儿童智力结构的基本性质,强调儿童认知发展的实质是认知结构的变化和转换,而成熟又是促进这种变化和转换的重要因素。皮亚杰对于儿童智力发展年龄阶段的划分,正是以不同的智力结构为依据的。

皮亚杰认为,认知发展得以发生的主要机制被称为平衡,平衡的基础是学生已有的图式。平衡可以通过两种过程获得:同化和顺应。

1. 图式

图式是指动作的结构或组织。图式乃重复表现的行为形态。最初,它为与生俱来的反射,以后,图式发展为心理的,它是一种基本的心理架构,是人类对环境适应时,在行为上表现的基本认知结构,乃个体用以与环境交互作用的方式或策略,为个体认知结构之单元。皮亚杰称具有动态性质的架构为 scheme;

---

① 李素卿.当代教育心理学[M].台北:五南图书出版股份有限公司,2003.
② 陈英和.认知发展心理学[M].杭州:浙江人民出版社,1997.

静态性质的架构为 schema。皮亚杰将图式视为人类吸收知识的基本架构,它将这种基本架构分为外显的行动架构和内在的架构或图式。

2. 组织与适应[1]

按皮亚杰的理论,他将认知发展视同为智力发展。对儿童的智力,皮亚杰从儿童智能性行为表现与行为表现背后智能性思维运作两个层面进行研究。从儿童所表现的外显行为看,可以了解儿童对环境中的事物知道多少以及对事物特征持什么看法(如天上的云为什么会移动)。根据儿童的外显行为去推理解释内在的心路历程,才可能了解儿童对事物的看法何以随年龄增长而有所不同。皮亚杰采用组织与适应两个概念来说明。

所谓组织,是指个体在处理其周围事物时,能统合运用其身体与心智的各种功能,从而达到目的的一种身心活动历程。

在皮亚杰的理论中,适应一词是指个体的认知结构或图式因环境限制而主动改变的心路历程。

3. 同化与顺应

依照皮亚杰的观点,个体为了与外界环境保持平衡,其适应方式可分为同化与顺应。同化指个体运用其既有图式处理所面对的问题;即是将新遇见的事物纳入既有图式之内,亦是既有知识的类推运用。如果吸纳的结果,儿童发现既有图式仍然适合,此一新事物即同化在他既有的图式之内,成为他知识的一部分。适应的另一种历程是顺应。个体在环境中如果只用同化,不一定就能适应环境,当个体发觉不能用既有的认知结构去适应环境时,只好改变自己原来的认知结构以适应环境,此即为顺应。换言之,所谓顺应是指个体在面临新环境时,调整自己的经验架构,以适应外在环境的一种心路历程。[2]

4. 平衡与不平衡

按照皮亚杰的理解,平衡意味着同化作用仍服从客体的性质,换句话说,服从主体必须顺应的情境;并且顺应作用本身又服从同化情境的现有主体结构。主体较为客观地再建客体,客体符合主体结构的状态,这就是同化和顺应所达

---

① 张春兴.教育心理学[M].杭州:浙江教育出版社,2006.

② 朱敬先.教学心理学[M].台北:五南图书出版公司,2000.

到的平衡状态。[1] 当某种作用于儿童的信息不能与其现有的认知图式相匹配时就会引起主体的一种不平衡状态。[2]认知发展即为平衡与不平衡状态的连续历程,当重新恢复平衡时,个体即达到了较先前更高的智能水准。

皮亚杰认为,任何一次平衡的发生,都包含着三个阶段,如图 3-1 所示。[3]

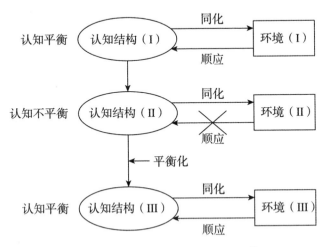

图 3-1 皮亚杰认知发展过程模式[4]

第一阶段:儿童满足自己现有的认知模式,处于暂时的平衡状态。

第二阶段:儿童意识到自己现存的认知模式具有不足的地方,因此而产生了不满足感,平衡状态被打破。

第三阶段:克服了原有的认知模式,又达到了一种新的平衡状态。

总之,皮亚杰认为个体的学习是同化和顺应的认知建构过程与"平衡→不平衡→新的平衡"的认知发展过程的统一。主体通过同化和顺应两种机制达到与环境的平衡。但这种平衡是暂时性的,一旦原有认知结构与新知识产生矛盾或认知冲突,就会出现不平衡。换言之,个体的认知结构总是处在"平衡——不平衡"的转换与变化之中,这种转换与变化的契机与条件就是产生认知心理的不平衡,即产生认知冲突。只有存在不平衡或认知冲突时,个体才会出现认知

① 雷永生,王至元,杜丽燕.皮亚杰发生认识论述评[M].北京:人民出版社,1987.

②③ 陈英和.认知发展心理学[M].杭州:浙江人民出版社,1997.

④ J. Kwon & Y. Lee. The effects of cognitive conflict on students' conceptual change in physics[R]. 2000.

发展。

（二）维果斯基的"最近发展区"理论

20世纪30年代，维果斯基提出了他的"最近发展区"理论。维果斯基认为心理发展可以分为两个层次，一是"实际的发展水平"，这是个体能够独立解决问题的层次；另一是"潜在的发展水平"，这是在成人的引导下或是能力较佳的同伴合作下，可以解决问题的层次。这两个层次的差距就是所谓的"最近发展区"，而所谓的"区"并不是一段固定的距离或是明确的学习空间，它是随着个体的不断发展而更新，是在人际之间的对话互动中所创造出来的可能学习范围。实际发展水平、潜在发展水平与最近发展区的关系如图3-2所示。

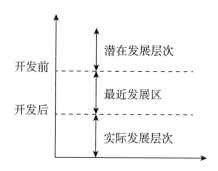

图3-2 实际发展水平、潜在发展水平与最近发展区

维果斯基认为，好的教学应走在发展的前面，即教学必须指向最近发展区。在最近发展区，教师和学习者同时完成一个任务，这个任务的难度使学习者无法独立完成，其实质表现为，儿童在自己的这一发展阶段还不能独立，但可以在成人的帮助下做事。由此，维果斯基认为："教育学不应当以儿童发展的昨天，而应该以儿童发展的明天为方向。只有这样，教育学才能在教学过程中激发起那些目前尚处于最近发展区内的发展过程。"[1]维果斯基最主要的目的在于指出，个体的心智发展并非仅是生物上的自然生长，人的文化环境是个体心智发展的另一条重要线路。只有当儿童与周围环境中的人相互交往，与同伴合作时，内在的发展过程才能运作，在最近发展区中进行的教学能唤起儿童多种多

---

[1] 转引自高文.教学模式论[M].上海：上海教育出版社,2002.

样的内在发展过程。一旦儿童内化了其他人交流所使用的符号,内化了成人及更有能力的同伴所传递的外在的知识和能力,包括解决问题的策略,儿童就能独立地运用这些符号、策略去解决原先需要他人帮助才能解决的问题,从而构建出自己的思想。

可见,维果斯基既关注个体已有概念对学习的重要性,也非常强调社会文化对学习的影响。维果斯基坚信,儿童是在摆脱日常概念和成人概念的"张力"中学习科学概念的。如果仅仅将源于成人世界的预成呈现给儿童,那么他就只能记忆成人有关这一想法所说的一切。他强调的学习是在一定的历史、社会文化背景下进行的,社会可以对个体的学习发展起到重要的支持和促进作用。

(三)奥苏贝尔的有意义学习理论

奥苏贝尔按照"机械—意义"和"接受—发现"两个维度,根据学习的材料与学习者原有知识的关系,把学习分为机械学习与有意义学习。有意义学习是与机械学习相对的,其实质在于符号(语言文字及其符号)所代表的新知识与学习者认知结构中已有的适当观念,建立起非任意的和实质的联系。

奥苏贝尔认为,学生的学习如果有价值的话,应该尽可能地有意义。他提出,有意义学习过程的实质,就是符号所代表的新知识与学习者认知结构中已有的观念建立非人为的和实质性的联系。

1. 有意义学习的标准[①]

要判断学生的学习是有意义的或是机械的,必须了解符号所代表的新知识与学习者认知结构中原有的观念的联系(简称为新旧知识的联系)的性质。新旧知识联系的性质既受学习者原有知识背景的影响,也受要学习的材料本身的性质的制约。

2. 有意义学习的条件[②]

有意义学习的产生既受学习材料性质的影响,也受学习者自身因素的影响。我们称前者为有意义学习的外部条件(外因),称后者为有意义学习的内部

———————

①② 陈琦,刘儒德.当代教育心理学[M].北京:北京师范大学出版社,1998.

条件(内因)。

3. 有意义学习的机制

奥苏贝尔认为有意义学习的机制是同化。而同化是以学习者原有的认知结构为基础的。

奥苏贝尔学习论中的核心概念是同化。奥苏贝尔认为,机械学习的心理机制是联想,有意义学习的心理机制是同化。有意义学习过程也就是学习者认知结构原有知识吸收并固定要学习的新知识的过程。这种旧知识对新知识的作用,被称为同化。同化的结果,新知识被掌握(理解与保持),而原有认知结构发生变化。

奥苏贝尔认为同化理论的核心是:学生能否习得新信息,主要取决于他们认知结构中已有的有关概念;有意义学习是通过新信息与学生认知结构中已有的有关概念的相互作用才得以发生的;由于这种相互作用的结果,导致了新旧知识的意义的同化。[①]同化过程是学习者认知结构中的原有观念与要学习的新观念相互作用的过程。原有观念的概括程度,包含的范围和巩固水平在新的学习中起决定作用。

奥苏贝尔认为,同化理论之所以可以用来解释学习和保持,是因为它有助于说明有意义地习得的知识被保持的时间,以及在认知结构中组织知识的方式。同化以三种不同的方式增强知识的保持:①通过把已有的有关概念作为固定点,从而使它们成为认知结构中高度稳定的、比较精确的观念,同时又使新知识也可以分享这种稳定性,获得新的意义;②由于在储存阶段中,新知识与已有概念一直保持着实质性的联系,因而这些起固定作用的概念可以防止新知识受以往的知识、目前的经验和将来遇到的类似概念的干扰;③由于新知识储存在与认知结构中的有关概念的相互关系中,这就使得提取信息成为一种较有条理的过程,较少带有任意的性质。[②]此外,同化理论还有助于我们了解学生是怎样把知识组织在认知结构中的。一般说来,新知识是储存在与认知结构中相应的有关概念的相互关系之中;其中的一个概念(不论是新习得

①② 施良方.学习论:学习心理学的理论与原理[M].北京:人民教育出版社,1994.

的还是已有的)势必是另一个概念的上位概念,而且,这个上位概念必然比另一个概念更稳定。

二、建构主义学习理论

20世纪80年代以来,建构主义学习理论在科学教学领域中逐渐流行起来,形成科学教育全面革新的一股主要力量。澳大利亚著名科学教育家马修斯(Matthews)指出:"建构主义是当代科学与数学教育中的一种主要影响。"在皮亚杰的认知发展学说和奥苏贝尔有意义学习等基础之上,从建构主义的角度出发,在世界各国已掀起了一阵科学教育改革的热潮。[①] 以建构主义理论为指导的课程与教学改革、科学教学评价改革以及相应的教师教育改革在许多国家也都正在展开。例如在德国,基尔大学科学教育研究所杜伊特(Duit)博士倡导用建构主义理论改革科学教育;在新西兰,20世纪90年代中小学科学课程即是以建构主义理论为指导编写的;在英国,利兹大学的科学教育研究中心多年来一直在开展把建构主义理论用于科学教学改革中。[②]

人们普遍认为,建构主义代表了当代科学教学的"范式转变"。建构主义促使人们对科学知识、科学学习和科学教学的本质进行了重新认识,由此导致了科学知识观、科学学习观和科学教学观的深刻变化。

(一)建构主义的主要类别及其观点

建构主义目前还未形成稳定的、统一的体系,其分类存在不同的方法。

1989年末,美国佐治亚大学教育学院组织了"教育中的新认识论"系列研讨会。从研讨会上的发言内容可以概括出当时六种主要的建构主义类型,它们分别是:激进建构主义、社会建构主义、社会建构论、社会文化认知观或称中介行为的社会文化取向、信息加工建构主义和控制系统论。这六种建构主义流派的主要内涵如表3-1所示。

---

① 郭重吉.建构主义与数理科的学习辅导[J].(台湾)学生辅导,1995(38).
② 丁邦平.建构主义与面向21世纪的科学教育改革[J].比较教育研究,2001(8).

表 3-1　建构主义的主要流派及其内涵①

主要流派	主要内涵
激进建构主义	知识是由认知主体积极建构的,建构是通过新旧经验的互动实现的;认知的功能是适应,它应有助于主体对经验世界的组织
社会建构主义	将群体放在个体之前,将人与人之间的关系置于首位;个人建构的、独有的主观意义和理论只有与社会和物理世界"相适应"时,才有可能得到发展;强调意义的社会建构、学习的社会情境,强调社会互动、协作与活动等
社会建构论	将社会置于个体之上;真实性/经验是依靠对话的方法建构起来的,对话是形成新意义的心理工具,应成为关注的中心;知识不存在于个体内部,而是属于社会的,是以文本形式呈现的,每一个人都以自己的方式解释文本的意义
社会文化认知观	人的心理功能是处于文化、历史和制度情境之中的;关注学习的社会方面,更注重对一定的社会文化背景中知识与学习的研究,并将不同的社会实践视为知识的来源;提倡在真实的情境中通过对专家活动的观察、模仿进行主动的/认知学徒式的学习
信息加工建构主义	坚持信息加工论的基本范型,但反对信息加工论中的客观主义传统;认为知识是由主体积极建构的,外来信息与已知知识之间存在双向的/反复研究的相互作用,但不同意知识是对经验世界的适应。这一流派也称为弱的建构主义或折中的建构主义
控制系统论	强调认识主体不是旁观者,而是置身于行为之中的积极主动的观察者和反省型的参与者;特别重视不同观察者之间存在复杂的互动关系,重视对包括提问方式、看与听的方式在内的各种循环过程的再认识;重视交互的、协作的学习方式

以上是六种不同类型的建构主义,这里只介绍它们与学习和教学有关的观点。

(二)建构主义科学知识观、学习观与教学观

虽然建构主义流派众多,对学习的理解和论述的角度不同,但总体上对建构主义基本内涵的理解是一致的。一般而言,建构主义是探讨有关知识的本质

① 钟启泉、高文、赵中建.多维视角下的教育理论与思潮[M].北京:教育科学出版社,2004.

或知识的获得的一种理解。由此,这里试对建构主义科学知识观、科学学习观和科学教学观三方面进行分析。

1. 建构主义科学知识观

建构主义者一般强调,知识不是对现实的纯粹客观的反映,任何一种传载知识的符号系统也不是绝对真实的表征。它只是一种解释、一种假设,它并不是问题的最终答案,相反,它会随着人类的进步而不断地被否认,并随之出现新的假设;而且,知识并不能精确地概括世界的法则,在具体问题中,我们并不是拿来便用,一用就灵,而是需要针对具体情境进行再创造。

建构主义认为没有纯粹的抽象的认识者,有的只是在具体的社会历史文化环境中生存的认识者。知识不可能以实体的形式存在于具体个体之外,尽管我们通过语言符号赋予了知识一定的外在形式,甚至这些命题还得到了较普遍的认可,但这并不意味着学习者会对这些命题有同样的理解,因为这些理解只能由个体学习者基于自己的经验背景而建构起来,这取决于特定情境下的学习历程。

按照这种观点,课本知识只是一种关于各种现象的较为可靠的假设,而不是解释现实的"模板"。科学知识包含真理性,但不是绝对正确的最终答案,它只是对现实的一种更可能正确的解释。另外,知识在各种情况下应用并不是简单套用,具体情境总有自己的特异性,所以,学习知识不能满足于教条式的掌握,而是需要不断深化,把握它在具体情境中的复杂变化,使学习走向"思维中的具体"。

2. 建构主义科学学习观

建构主义认为,科学知识不是通过教师传授得到的,而是学习者在一定的情境即社会文化背景下,借助其他人(包括教师和学习伙伴)的帮助,利用必要的学习资料,通过意义建构的方式而获得。因此,建构主义学习观认为,科学学习不是由教师把知识简单地传递给学生,而是由学生自己主动建构知识的过程。建构必有基础,基础就是每一个人原有的知识和经验,这就是知识的生长点,也可以说知识是通过新旧经验的相互作用"生长"出来的。诚如美国自然作家 Henry D.Thoreau 所说:"人只能接受他自己准备好要接受的,不管是在身体上、心灵上、或是道德上……我们只能听闻领悟到我们已半知半解的事物……所以每个人其实在以他的见闻、阅读、观察和旅行,在生命中'追溯'自我。他的观察形成一个锁链,任何不能与其他观察联结相关的现象或事物,他便无法观察到。"①Thoreau 的这番话正显示一个人所拥有的前概念、原有知识或原有经验在建构知识上的重要性。其次,Thoreau 的这一番话也正反映出建构主义学习观:学习乃是把新信息与先前知识建立关联。

同时,建构主义认为,科学知识的建构是在一定的情境即社会背景下,借助他人的帮助即通过人际间的协作交流活动而实现的意义建构过程。社会建构主义的先驱维果斯基认为,人的高级心理机能的发展是社会性相互作用内化的结果。"个人的认知结构是在社会交互作用中形成的,发展正是将外部的、存在于主体间的东西转变为或内化为内在的、为个人所特有的东西的过程"。② 学习的结果在于意义的获得,对新信息形成自己的理解。学习不只是引入信息,而是调动、综合、重组甚至改造头脑中已有的知识经验,对所接收到的信息进行解释,生成了个人的意义或者说自己的理解。

3. 建构主义科学教学观

建构主义科学学习观认为科学学习不是接受知识的过程,与此相应,科学教学就不是传递科学知识的过程,而是创设一定的环境和支持,促进学习者主动建构知识的意义。建构主义认为,科学知识的意义是由学习者自己建构起来的,知识的意义是无法通过直接传递而实现的。要说教师在传递的话,教师充其量只是传递了语言文字符号信息,至于这些信息在学生头脑中是什么意思,最终还是由学习者决定的、建构的。

在科学教学中,教师不仅要让学习者知道什么,更可贵的是要让学习者感受到什么。知识的意义不能直接传递,对知识的情感就更不能传递了。教师不只是关注如何呈现、讲解、演示信息,更重要的是,要创设一定的情境,促进学生自己主动建构知识的意义,时刻关注、了解、探知学生头脑中对知识意义的真实建构过程,并适时提供适当的鼓励、辅导、提示、点拨、帮助、支持,进一步促进学生的建构活动。

建构主义强调以学生为中心,强调学生是自己的知识的建构者。建构主义

---

① 转引自蔡克容.建构主义对教育改革的启示[J].(台湾)课程与教学季刊,1998,1(3).
② 陈琦,刘儒德.教育心理学:原理与应用[M].合肥:安徽教育出版社,2004.

与客观主义的根本区别就在于知识是从外部输入人的心灵,还是由人的心灵内部生成的。客观主义认为知识是从外部输入人心灵的,人的心灵具有受纳的性质,科学学习过程就是接受来自外部的刺激式信息,接受人类已有的知识体系。建构主义则认为,科学知识是在人的心灵与外界相互作用的过程中从内部矛盾生成的,人的心灵具有自觉能动性,学习过程是主动建构的过程,是对事物和现象不断解释和理解的过程,是对既有的知识体系不断进行再创造,再加工以获得新的意义、新的理解的过程。

三、具身认知理论

具身认知是认知科学的发展方向,近来成为诠释高效学习机理的新视角,也赋予了"从做中学"新的意义。

（一）具身认知概念:认知科学的身体转向

认知是指个体通过形成概念、知觉、判断或想象等心理活动来认识外部事物获取知识。认知科学主要研究人类认知行为及其发展规律。从 20 世纪 80 年代开始,认知科学的研究呈现出身体转向,开启了具身认知的研究热潮。

目前关于"具身认知"的界定有:身体的结构和性质决定了认知的种类和特性,认知过程具有非表征特点,思维、判断等心智过程也并非抽象表征的加工和操纵,认知、身体、环境是一体的,身体和环境是认知系统的构成成分。

具身认知否定了把心智看作一种抽象的计算过程的立场,肯定了认知对身体的依赖和身体在认知过程中的根源性,强调认知不能脱离身体,且与社会环境有密切的联系。具身认知也为阐释和解读经典的教育教学思想提供了新的理论视角。

杜威的经验主义强调人类个体有意识的实践活动和行动在实践中的核心地位,他认为经验的获得要经历人们在生活世界的行动,知识的获得源于个体对经验的改组或改造,学习是个体行动的过程和结果,这说明身体在学习的过程中发挥着极为关键的作用,也暗含着强烈的具身意识。

（二）通过技术建构具身学习环境

1. 营造具身学习环境:具身学习的意义建构

（1）具身学习:身体与环境交互作用。在具身认知理论看来,知识本身具有三个特点:一是具身性,二是情境性,三是生成性。相对于其他学习方式,具身学习的特点有以下三点:一是境脉化。具身学习可以发生于任何时间、地点、文化背景和语言环境、人物组成的小团体中,学习的有效性和意义性取决于整体境脉。二是身体力行。具身学习需要身体参与,并且是反复实践和亲身经历。三是基于感知。学习者的行为和认识依赖于自身的知觉、感受和经验。

具身学习的本质是身心一体的实践活动,情境的创设对于学习效果具有重要影响,具身学习非常重视学习者身体各器官与情境的交互作用。

(2)具身学习环境:意义的具身建构。具身学习环境是富含生活世界特定意义的、高度情境化的学习空间。依据具身认知理论,具身学习环境的构建需要遵循四个原则:一是尽可能多地"吞噬"学习者的各种不同知觉体验;二是设计并运用与所学知识概念相符的动作;三是让学习者在直接体验某一现象的基础上进行深度学习;四是充分利用各种代理实现学习者知识理解的具身化。

2. 创造身体在场体验:具身技术的使能作用

(1)在场体验:高效学习的内在机理。在学习活动中,学习者与环境构成了学习场域,在场是指学习者与环境的状态和关系,强调的是学习者与学习环境之间的积极互动关系。在场形式有两种:一是物理在场或实体在场,二是逻辑在场或虚拟在场。在具体教育实践中,物理在场往往难以实现,故而会利用技术手段影响身体感觉器官,通过增强逻辑在场感来获得相应体验,实现高效的具身学习。

(2)身体在场:具身技术的使能作用。"使能"是指技术对教育教学产生的"由不能变为可能,由小能变为大能"的作用。身体与环境的交互是具身学习的核心,身体在场体验是具身学习中最关键的环节。在具身认知看来,身体对于具身学习环境的感知是具身学习的首要环节,这也需要学习者身体与环境在物理空间上同时在场。但在具体的教育教学实践中,学习者与生活世界的真实环境是分离的。而具身技术拓展了身体的感官能力,使时空相距遥远的学习者与学习环境出现在同一学习空间中并能进行在场互动,使学习者能够充分感受到深度的身体在场体验,为高效具身学习奠定了坚实基础。这也能更好地支持具身学习,支撑起具身学习的诱发和持续进行的作用。①

我们在大量的研究实践中感悟到,无论是皮亚杰的认知发展机制理论、维果斯基的最近发展区理论、奥苏贝尔的有意义学习理论,还是当代发展起来的建构主义学习理论及具身认知理论,都认为学习不是被动接受的过程,而是学习者基于已有知识主动建构的过程,强调学习者已有知识对新知识的影响,需要在具身学习环境中习得。

高效的科学学习必须充分体现"学为中心"的生本思想,不管是"问题解决""任务驱动"还是"项目学习",都要求教师善于把握概念的关键属性,能从多途径挖掘真实、真正的问题,营造具身学习环境。而真实、真正的问题至少需要具备三要素②:1.学生感兴趣的问题,因为科学教育是个能动的过程,学生对科学的兴趣是学习科学最直接和特殊的内部动力;2.问题要基于学生已有的经验,有利于教师根据学生原有的知识状况进行教育;3.问题解决难度为学生现有能力可及,在"最近发展区"内,从而有利于学生形成对未知事物进行探究的心向。本书中的"高阶课堂"样态范式都把"提出真实真正的问题"作为教学设计的出发点,让教与学成为解决真实情境中问题的过程,就是以上述理论作为依据的。

第二节　教学设计理论

教学设计理论十分丰富,我们根据科学学科概念的特点,主要选择了首要教学原理,"ARCS"动机设计模型和通过设计促进理解模式。

一、首要教学原理

近几年涌现了大量的教学设计理论和模式。这里提到的教学设计理论,有的来源于对学习的基本规律作出说明,也有的来源于聚焦教什么而不是如何教的总体课程方案。这些设计理念和模式背后是否具有共同的基础性原理? 如果是,那么这些基础性首要原理是什么?

---

① 叶浩生.身体与学习:具身认知及其对传统教育观的挑战[J].教育研究,2015(4).
② 陈锋,杨丽娟.初中科学探究式教学的设计和实践[J].生物学教学,2002(6).

我们将原理界定为一组关系,不管实施这一原理的方式或者模式如何变化,在适当的条件下这种关系总是确凿的。原理本身并不是教学的模式或方法,而是一组关系,能够为任何其他教学模式与方法奠定基础。这些原理可以以多种不同的教学模式和方法实施。但是,考量一个特定的教学模式或者方法的效果、效率和参与度,很大程度上同是否应用这些原理有关。

首要教学原理博采行为、认知、建构主义等诸多理论之众长,有五大原则,最重要的原则是"教学应该以问题为中心",即聚焦问题,让学习者在现实世界问题的情境中掌握知能。其他四大原则是激活旧知(让学习者回忆已有知能作为新学习的基础)、示证新知(让学习者观察将要学习的新技能的示证)、尝试应用(让学习者运用新掌握的技能来解决问题)和融会贯通(让学习者反思、讨论和巩固新习得的智能)等四个有效教学的阶段,以此促进学习,如图3-3所示。

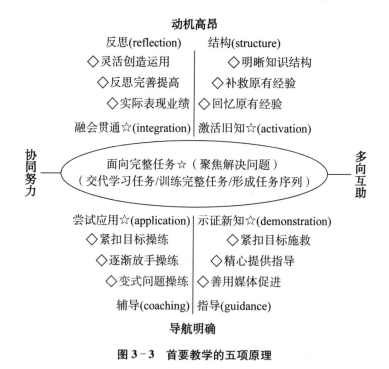

图3-3 首要教学的五项原理

聚焦问题:当学习者在现实世界问题的情境中掌握知识与技能时,才能促进学习。

激活旧知:当学习者回忆已有知识与技能作为新学习的基础时,才能促进学习。

示证新知:当学习者观察将要学习的新技能的示证时,才能促进学习。

应用新知:当学习者运用新掌握的技能来解决问题时,才能促进学习。

融会贯通:当学习者反思、讨论和巩固新习得的知识与技能时,才能促进学习。

下面来看一看相应的教学策略及其效能水平。

1. 只呈现信息(教学策略效能水平0)

信息呈现能告诉学习者两个或者更多信息片段之间的彼此联系;一个或几个部分的名称和描述;一类物体、情境或过程的主要特点;实施一个程序的步骤和序列;某个过程中的各种事件应具备的条件和后果。回忆要求学习者记住呈现的信息。只呈现信息的教学策略对于传递大量信息来说是很有效率的,但遗忘起来也很快,用来解决复杂问题则并不奏效。

2. 示证新知(教学策略效能水平1)

该原理不是指呈现信息,而是要向学习者展示如何在具体的情境中运用信息。示证新知就是采用部分或整个问题中的一个或多个样例,以此向学习者展示在具体的情境中如何运用信息。示证新知原理主张:当学习者观察将要学习的知识与技能的示证时,才能促进学习。

3. 紧扣目标(施教)

只有当示证新知的方式与将要获得的技能类型相一致,才能促进学习。坚持贯彻紧扣目标施教这一要求比提供指导或善用媒体更为重要,这是因为如果信息呈现无法与学习技能的类型保持一致,那么是否向学习者提供指导或媒体是否在教学中得以合理应用,都不那么要紧了。紧扣目标施教的主张是:当学习者观察将要学习的新技能的示证时,考虑其与所教的类型是否相一致,才能促进学习。

4. 提供指导

指导为学习者加工信息指明了方向,也为学习者在有关具体情境的示证中关注重要方面提供了导向。指导也为学习者将信息及其应用于先前获得的技能和知识结构挂钩提供了方向。在示证中给予学习者适当的指导能促进学习。提供指导的主张是:当学习者得到指导,将一般知能与具体实例相互关联,或是将有机的知识结构与具体实例相互关联时,才能够增强示证新知的效果。

5. 善用媒体

使用多媒体常常没有起到促进学习的效果,有些甚至干扰了学习。合理使用多媒体是为了实施规定的教学时件。如果多媒体仅仅只能引起学生的兴趣或是让教学更富魅力,很可能没有达到促进学习的效果,反而会分散了学生的注意力。善用媒体的主张是:当多媒体实施了规定的教学事件和功能时,才能促进学生的学习。

6. 应用新知(教学策略效能水平2)

当学习者有机会操练,并将所学的技能应用到各种具体问题中,技能水平才会得到提高。记住新知并不是应用新知,也无法为学习者在真实情境中应用自己的技能提供任何帮助。应用新知要求学习者能运用技能解决具体问题。所谓紧扣目标应用,就是在针对哪一类问题时,将具体案例分成适当的类别:在针对如何做的问题时,执行一系列的步骤;在针对发生了什么的问题时,预测给定一组条件能得到什么样的结果,或者面对一个出乎意料的结果时,找出其中有缺陷的条件。

给定的信息加上紧扣目标试教(示证),能帮助学习者形成一个有关所学技能的恰当的心智模式。应用新知原理主张:当学习者运用新掌握的,只能用来解决问题时,才能促进学习。

7. 紧扣目标(操练)

只有当应用新知和所要学习的技能类型相一致时,才能促进学习。紧扣目标的标准至关重要。如果应用新知与教学目标不一致,那么效果就会差强人意,接下来是不是有合适的辅导或反馈,也就变得无关紧要了。紧扣目标操练的主张是:当学习者应用自己新近获得的知识和技能,并使这种应用和他们将要学习的内容类型相一致时,才能促进学习。

8. 运用反馈

反馈往往也被认为是做出某种事情之后给予知道,或者当学生努力应用新知来解决具体问题后给予指导。反馈的主张是只有当学习者接受了内在反馈或者矫正性反馈时,应用新知才会有效。

9. 辅导学习

辅导能帮助学生在应用新知时筛选信息中相关的部分;能够帮助学生回忆

那些能够用于解决问题的旧知;能帮助学生运用心理框架来解决问题。在应用新知之后不久就能运用辅导是最有效的,但随着学习者在问题解决中获得更多的经验时,这种辅导应该逐渐减少,此时学习者将独立解决问题而不再提供任何额外的帮助。辅导的主张是:当学习者获得辅导,并且在后续的每一个问题中,这种辅导会逐渐减少时,应用新知的效果才会得以提高。

10. 聚焦问题(教学策略水平 3)

聚焦问题的教学策略涉及了许多传统教学中用于问题解决所需要的技巧,包括向学习者展示解决方案,并具体教会其问题解决时所需技能,然后提供机会将这些技能应用到新问题中。聚焦问题的原理主张是:当学习者在现实世界问题或者任务的情境中掌握知识和技能时,才能促进学习。

当面对来自同一个大类,但表现有所不同或者更加复杂的问题时,学习者更有可能接近完整的解决方案。聚焦问题的主张是:当学习者面对完整的现实世界问题,完成一组由易到难的任务,通过参与到聚焦问题的教学策略中获取成分技能时,才能促进学习。

11. 激活旧知

如果学习者有过相关经验,那么第一阶段的学习就是激活这些相关信息,以便作为新知的基础。如果学习者没有足够的经验,那么学习一项新技能的第一要务就是提供真实的或模拟的经验,而学习者能运用这些经验来为新知识奠定基础。激活旧知原理的主张是:当学习者激活已有知识和技能的心智模式,并将其作为新学习的基础时,才能促进学习。

12. 明晰结构

如果学习者的心智模式不足以合理地组织新知识,那么,必须由教学提供一个结构,让其用于建构学习新知识所需要的心智模式,如此才能促进学习。明晰结构的主张是:当学习者为组织新知识回顾或者获取一个框架或结构,并且为如下环节奠定基础——示证新知中的指导、应用新知中的辅导、融会贯通的反思时,才能促进学习。

13. 融会贯通

有效的教学为学习者提供了相应的机会,帮助他们思考新知识是如何与自己已知的内容相互联系的。有效的教学还为学习者提供机会,向他人解释新技能以及在面临挑战时巩固原有的知识。反馈、讨论、巩固新观点为学习者整合技能提供了一种方式,而且这种方式确保了知识的保持率和后续应用。融会贯通原理的主张是:当学习者反思、讨论和巩固新习得的知识和技能时,才能促进学习。

14. 同伴合作和同伴评价

当人们发现自己能解决以前不能解决的问题,或者在某个任务中表现出以往没有的能力时,这便是所有事件中最具有激励性的。当学习者看到了自身的进步时,学习就成为最鼓舞人心的活动。精心安排的同伴学习和同伴评价就需要学习者彼此分享各自所学到的内容。有效教学要求学习者与同伴分享学习成果,而不是仅仅向教师呈现解决方案或任务成果。同伴合作和同伴评价的主张是:当学习者将新学习到的知识整合到日常生活中,并通过同伴和同伴评价的方式反思、讨论或者巩固时,才能促进学习。[①]

二、ARCS 动机设计模型

ARCS(Attention, Relevance, Confidence, Satifaction,即注意、贴切性、自信、满意)动机设计模型是美国佛罗里达大学的凯勒教授在 1987 年提出来的。该模型是为了激发学生的学习动机,首先,要引起学生对一项学习任务或学习目的的注意和兴趣。其次,使学生理解完成这项学习任务与自己密切相关。再次,要使学生觉得自己有能力完成这项学习任务,从而产生自信。最后,让学生产生完成学习任务后的满足感,如图 3-4 所示。

图 3-4　ARCS 动机设计模型

① M.戴维,梅里尔著.首要教学原理[M].盛群力,钟丽佳,译.福州:福建教育出版社,2016.

动机设计模型的第一个要素是要激发和维持学生的注意力。唤起学生的好奇心、激发与维持注意力包括了三种主要途径：①唤起感知：在教学中通过利用新奇的、惊奇的、不合理的、不确定的事情来激发和维持学生的注意力。②唤起探究：通过引发或要求学生产生要解决的问题（疑难）来刺激查询信息的行为。③变化力：通过丰富多彩的教学活动来维持学生的兴趣。

动机设计模型的第二个要素是突出针对性。一般来说，针对性比注意力更困难些。突出针对性包括以下三条途径：①有熟悉感：运用具体通俗的语言以及同学生本人的经验和价值观相联系的举例和概念。②目标定向：教师向学生解释和例举有关学习目标及教学的效用。③动机匹配：运用与学生动机特征相一致的教学策略。

动机设计模型的第三个要素是建立自信心，对成功是否抱有期待是激励学生的关键。建立自信心有三条途径：①期待成功：让学生明确掌握的要求和评价的标准。②挑战性情境：提供多样化的成就水准使学生建立个人的标准，拥有表现机会，保证每个人都有成功的体验。③归因引导：向学生提供支持，作为成功标志的有关能力和努力方面情况的反馈信息。

动机设计模型的最后一个要素是创设满意感。如果学生的努力和自身期望不一致的话，如果他所体验到的不是所希望得到的东西，那么要维持一种持续的动机是很难的。创设满意感的三条途径是：①自然后果：提供多种在真实的或模拟的情境中运用新获得的知识技能的机会。②积极后果：提供能维持预期行为的反馈和强化。③公平：针对所完成的任务保持一致的标准和后果。

如何在教学过程中运用 ARCS 动机设计模式，凯勒认为主要有四个步骤：

第一步是分析学生。此时要确定在某一特定活动中应特别强调哪一些动机因素。

第二步是提出动机方面的具体目标。这一步应具体规定教师希望看到的与动机因素相关的学生行为。

第三步是选择策略。此时要求教师选择或创编完成动机具体计划的语言和活动。动机策略的选择应考虑：①不必花费太多的时间；②不要与学习目标相背离；③应符合教学开发、实施阶段时间与经费上的限制要求；④对学生来说是可接受的;⑤与教学传递方式包括教师个人的风格相适应。

第四步是评价。评价不仅要看学生的成绩,即学习目标的达到程度,而且要看动机激发的效果。成绩可以不因动机水平而变化,因为除了动机之外,学习成绩还受到心理因素和环境因素等影响。①

三、通过设计促进理解的模式

通过设计促进理解的模式(Understanding by Design,简称"UbD"模式),是美国课程改革中近年涌现出来的一种新理论、新实践。这一理论是由威金斯和麦克泰伊(Grant Wiggins & Jay McTighe)从 1998 年开始创立的,受到美国课程与视导学会特别关注,现在已经比较有影响,在美国的不少学校试验推广。

该模式的关键是遵循了教学设计和学习理论研究的大量新成果,以促进学生持久深入的理解(实际上包括了知识技能掌握和迁移)。具体来说,有以下四个重要方面。

运用"逆向设计",即先确定什么样的教学目标是达到理解的目标,然后再考虑用什么办法来证明学生确实掌握了学习目标,实现了理解。在这个基础上,采用多种教学方式或教学活动来达成目标。所以,"逆向设计"同教学设计理论一贯倡导的"确定目标——评估目标——导向目标"程序是完全一致的。

该模式确定了理解的六个维度。所谓理解,是指善于明智有效地在变式的、关键的、联系实际的和新颖的情境中运用知识技能。理解的六个维度是:①解释——学生能够形成理论及其支持的证据;能够回答是什么、为什么和应如何一类问题。②释义——能够明白各种事件、叙事和转换的实际意义。③应用——将所学的知识运用于新颖和变式的情境中。④洞察——能够理解别人的想法,有一种质疑精神。⑤移情——用别人的眼光来看问题,换位思考。⑥自知——认识到自己的理解中有什么优势和不足,即具有元思维能力。

该模式强调了单元设计模式,帮助学习者对主要概念和过程进行深入、持久的理解。教师不仅要把自己看成是教学活动的设计者,同时也是教学活动的

---

① 盛群力,李志强.现代教学设计论[M].杭州:浙江教育出版社,1988.

评估者。教学关注的焦点应该放在教学设计的各个要素,应该保证达到预期的学习结果。

深入持久的理解是对基本观念(big ideas)所做的精确概括,基于事实所作的推断,要求学生在探究中作出推断,真正开动脑筋思考。

为了帮助学生掌握学科中基本的概念、重要的概括、关键性的内容主题和各种方法,还需要提出"引导性问题"。"引导性问题"是一种开放性问题,并没有一种单一确凿的答案,是可以展开讨论,有充分理由来论证的问题。它们也是可以随着教学的深入不断重复出现和探讨的。教师可以运用引导性问题来组织教学内容和单元主题。

(一)理解的六个维度

1. 解释

解释是指学习者能够对某一问题进行完善、合理的论证和说明,即能够对事件、行为和观点做出有见识的、合理的说明。解释的过程就是要学生回答"是什么、为什么和应如何"一类问题的过程。

首先,理解性的解释不仅在于陈述事实,同时还应说明"为什么"和"怎么样"。其次,理解性的解释不仅要找到正确的答案,还应利用事实或概念的原理,阐明自己的观点及其合理性。

2. 释义

释义是指通过有意义的阐释、叙述来揭示事物的意义,特别强调用自己的语言来讲述、解释。释义的目的在于理解而不是解释。也就是说释义信息,并非要解释内容,如讲了什么,应该怎么做,而是要通过讲述的方式来表达自己对学习内容的理解。释义的过程需要我们回答以下这些问题:内容的意义是什么?为何重要?它是什么?在人类的经验中说明了什么?与自己又有什么联系?什么是有意义的?

首先,理解性的释义需要揭示事物的意义。事物的意义能够促成理解的转变,也就是说对事件意义的描述,可以促成我们对某一特定事实的理解与洞察。其次,理解性的释义需要融合课本知识与现实生活。

3. 应用

应用是指一种能把所学知识有效地应用于新颖和变式的情境中的过程。

在加德纳看来,理解的应用是指熟练地掌握概念、原理和技能,并把它们有效地应用于新的环境中或解决新问题。应用过程中,我们还要回答以下这些问题:即我们如何运用所学的知识和技能? 用在何处? 我们如何调整自己的思想和行为来适应新的情境? 传统的观念认为理解就是能够运用所学知识。尽管这里我们不赞成把理解与运用知识这两者等同起来,但是应用确实是理解的一种表现,一个维度,而且还是理解的核心和关键。

首先,理解性的应用需要把知识与具体情境相结合,使两者相一致。这里所谓的应用不同于知识本身或知识的简单运用。要达到理解性的运用,学生应能在无任何提示的帮助下来运用知识,并且他们所面临的问题是全新的,或者面对的是真实世界的问题。其次,理解性的应用还需要对知识进行创新。瑞士儿童心理学家皮亚杰指出:学生的理解是通过他们应用知识过程中的创新表现出来的。学生能简单地复述某个概念或者解决某些学习情境中的应用实例,经常会给教师他已经理解了的假象。但实际上,他并没有对知识进行创新,也就没有真正实现理解性的应用,只是局限于一种简单或机械的应用。对知识进行创新,是一种创造能力的表现。

4. 洞察

洞察是指一种深刻的具有批判性的观点或见解,能够理解他人的想法,具备一种质疑的精神。加德纳认为深入理解的一个重要特征在于运用多种不同的方式来呈现某个问题,并从多个角度用不同的方法进行解决。单一而刻板地阐述同一个问题是远远不够的。洞察过程要求我们回答以下这些问题:站在谁的立场? 需要明确考虑什么样的前提假设? 哪些观点需要阐明? 证据是否充分? 是否合理? 这些观点有哪些优缺点? 可信程度如何? 有何局限性?

首先,理解性的洞察需要批判性地看待问题。所谓批判性,就是要从多个不同的角度,理智地反省思考,决定哪些是可信的,哪些是应该做的。洞察作为理解的一个维度,可以说是一种极具力度的深刻的见解,它常常赋予常规性的思想以新的内容或意义,是一种需要通过努力才能够获得的能力。其次,理解性的洞察还需要正确把握他人的观点。尽管在教材中,作者表达了自己的观点,但是理解性的洞察并不满足于揭示作者通过文字所要表达的意义,因为不同的专家、教师、学生对教材意义的理解有着不同的倾向性,存在着不同的立场和知识背景,他们的观点会各不相同。正因为这些不同之处,每个人的观点可能会与他人的观点不同甚至相互抵触。然而他人的不同观点有利于激发自己的发散性思维,让我们以不同的眼光和立场来看待同一问题。可以说,正确处理和把握他人观点和看法的能力是洞察的前提和基础,也是洞察不可或缺的能力。洞察要求我们具备批判性精神,所以我们还应正确判断他人观点的合理性与局限性,并说明做出该判断的依据所在。

5. 移情

移情是指一种能深入体会他人的情感和观点的能力。心理学家们用两种方式来界定移情:①移情是对另一个人的内在状态的认知觉察,内在状态是指他的思想、感受、知觉和意图;②移情是对另一个人产生同感的情感反应。也就是说一个人的感受达到了与他人的感受相匹配的程度,就可以说一个人产生了移情。移情要求我们回答下列这些问题:你如何看待它? 对我所不了解的,他们是怎么理解的? 如果我要理解,我需要哪些经验? 移情是一种能站在别人的立场上来考虑问题、认识世界的能力,能够深切体会别人的情感,同时又能很好地控制自己的情绪。移情是一种谨慎的行为,要发现他人的观点和行为合理、有意义的地方,即使那些行为和观点让人觉得困惑甚至尴尬,也能持一种包容的态度,从另外一个角度进行思考,改变自己的情感,不再排斥别人与自己不同的观点和行为。通过移情我们来达到理解,具体表现在两个方面:①改变自己的认知,接受至少不排斥那些原本看上去怪异的事物,理解他人奇怪的想法或者观点,促使自己从多个角度来思考问题,增强洞察能力;②实现情感上的变化,开阔胸襟,更好地考虑他人,设身处地地为他人着想,尊重他人及其观点。

首先,移情是另一种形式的洞察。我们已经了解到洞察的重要特征在于能够运用多种不同的方式来呈现某个问题,并从多个角度用不同的方法进行解决。而移情则需要学生能够从那些与自己不相容的人或事中体会到其中的意义,以宽广的胸襟来包容那些与自己不相容甚至是相互排斥的观点。其次,移情需要转变自己的主观情感。移情除了在观念上接受他人的观点,更需要心灵上的沟通。也就是说要尊重他人,使自己的胸襟开阔,实现自身情感的变化,在他人的观点不同于自身的观点时,仍然能够给予考虑和关注。

6. 自知

自知是指一种认识到自己无知的智慧,能够理智地认识到自己思维与行为模式的优势和局限性。可以说理解的最高境界就是要达到自我理解,即能够正确地认识自我,认识自己的优势和局限。实现自知,就需要回答以下这些问题:我如何形成自己的观点?我的理解存在哪些局限性?我的不足之处在哪里?因为偏见、习惯、思维和行为方式的限制,我对什么容易产生误解?我们要理解世界首先要了解自己、认识自己。通过自知,我们可以理解那些原本不理解的东西。只有认识自己,理解自我,才能实现真正的理解。自知要求我们能够在日常生活中准确地自我评价与自我调整。无论一个人多么聪明与学识过人,如果缺少自我认识的能力,他就没办法达到真正的理解。

元认知是自知不可或缺的部分。当然,自知不仅仅是元认知,它的内涵远远超越了元认知。自知不单单要求了解自己的思维习惯和学习方式,掌握必要的认知策略来控制自己的行为过程,同时还要求我们更好地认识自己。自知不仅要求我们从认知的视角来理解,还要求学生从道德和情感的角度来理解自我,体会他人。也就是说自知要求学生不断地进行自我调节,通过反思更加清楚自己的优势和局限性,更好地控制自我,选择适当的学习策略来监控自己的学习过程。自知是理解的一个极为关键的维度,它要求我们有能力去探寻思维中不可避免的盲点、偏见和疏忽;让我们有勇气去面对种种不确定性和非连贯性,这些都是隐藏于定性的习惯、天真的自信、固执的信念,以及完美有序的世界观背后。[1]

(二)促进理解的教学结构

UbD 模式采用的课堂教学结构是以单元教学为主,以英文 WHERE 代表每一个步骤的首字母,分别是明确教学目标(Where)、激发学习意愿(Hook)、逐步探究主题(Explore)、反思学习过程(Rethink)和展评学习所得(Evaluate)。

1. 明确教学目标

学生在何种程度上知道他们要达到什么样的目标和为什么要学习这一单

---

[1] 何晔,盛群力.理解的六种维度观[J].全球教育展望.2006,35(7).

元的理由;他们已经知道了什么(原有知识),他们可能在什么地方会产生误解,单元的要求和业绩标准是什么?

2. 激发学习意愿

你将如何通过积极参与、启发引导和迎接挑战等手段来引起和维持学生的兴趣,通过探究、研究、解决问题和实验等手段来掌握基本概念、引导性问题和业绩任务? 你将如何尊重学生的学习风格、兴趣和能力上的差异?

3. 逐步探究主题

要让学生积累学习经验,以此来探寻更为重要的观点和本质问题,并且让他们不断研究、实践,最后发现问题的本质。对安排教学活动来讲,此时要考虑安排什么样的学习经验,将帮助学生探究需要深入持久理解的概念和引导性问题? 为了达到最终的学业表现需要怎样的教学?

4. 反思学习过程

教师将如何引导学生进行反省和重新思考,以更深入地挖掘核心观念? 在练习中你将如何指导学生根据反馈和自我评估的信息来进行反思并做出相应的调整?

5. 展评学习所得

学生将如何通过最后的学业表现、成果来展示和评价其理解程度? 教师将如何指导学生通过自我评价明确其优势和不足,并提出今后发展的目标?

(三)促进理解的教学基本要求

1. 平衡教学活动的趣味性和有效性

教师在设计教学时,总是会考虑如何把教学活动安排得生动活泼,能更好的吸引学生。但是有趣的课堂并不一定是有效的,不一定能够帮助学生达到预期的学习目标。有效的课程应具备以下这些特征:①以清晰而有价值的目标为指向。②提供了示范与反馈。③学生理解了学习任务和目的。④公开明确的评价标准和模式,允许学生及时掌握自己的学习进度。⑤学生的经验和课堂外的世界相联系,认识具有直观性和真实性。⑥在反馈的基础上创造机会进行自我评价和自我调整。这样,我们在计划安排教学活动时首先要保证它的有效性,有助于学生实现预期的学习目标;同时又要考虑它的趣味性,来保证学生的积极参与和投入。

2. 安排为学生提供探究发现的机会

需要深入持久理解的重要观点一般来说是抽象的、非直观性的,它所暗含的意义常常是非常隐讳、不明显的,需要我们通过发现探究来揭露它。如果只是简单地把书上的知识教给学生,而不去挖掘更深层次的意义,学生绝不可能实现深入持久的理解,只能是肤浅地掌握重要观点和知识技能。所以,教师在安排教学活动时要注意为学生提供探究发现的机会。

3. 特别强调那些学生容易误解的内容

研究表明对于很多学生,甚至是那些优秀学生看起来他们已经理解了课程内容,并且传统的纸笔测验和课堂讨论也证实了这一点,但是如果再询问一些更深层次的问题或要求他们应用所学知识时,他们就会表现出对已有知识的很多误解。

教师在安排教学活动时要预计到那些使学生容易产生误解的内容。我们陈述的学习目标往往是以概念的形式列出的。概念一般来说是比较抽象的、并非不言自明的,它所包含的意义对于学生来说是不明显的。这就告诉我们,某个对教师来说非常简单易懂的概念,对于学生来说是晦涩难懂的,不给予重点指导学生就容易产生误解或曲解。一般来说,容易产生误解的内容包括:①抽象的内容,如概念。②需要先前知识或生活经验,并且要求不断自我反省来实现完全理解的内容。③非直观性的、不明显的、不熟悉的或深奥难懂的内容。④在相对次要的材料中以概括的形式出现的内容,例如在科学练习册中出现的内容。教师还可以通过不断的评价来找出学生的误解之处,这种评价通常是在单元学习结束之前进行,也就是所谓的形成性评价。

4. 要尊重学生个体的兴趣、需要和学习风格

每位学习者会有不同的兴趣和需要,也存在不同的学习风格。有些学习者形象思维占优势,所以他们喜欢教师运用图表、幻灯片、动画卡片等各种直观教具,帮助他们通过这些直观手段来理解抽象的内容;有些听觉功能强的学生往往受益于磁带、视像媒体的运用和讲演、背诵等学习方式。触觉型的学生则喜欢书面作品、造句、记笔记、类推等学习形式。

5. 选择恰当的教学方法

为了实现理解的教学目标,我们需要采用多样化的教学方法。

何晔、盛群力等对 UbD 理论中"理解的六个维度"参照布卢姆认知目标新分类和马扎诺学习的维度观,进行了改造。他们认为,威金斯和麦克泰伊所创立的理解的六个维度,在内涵以及相互之间的关系上存在不少模糊之处,而且有关理解的六个维度的阐述过于抽象,不易实际应用于课堂教学实践,建议把理解的维度修改为三个,即领会意义、灵活应用和洞察自省。[①]。

四、ICAP 学习方式分类

2014 年,季清华和怀利联合在国际教育心理学著名刊物《教育心理学家》发表论文《ICAP 框架:认知参与和主动学习结果的联系》,提出了"ICAP 框架"(ICAP 分别是 Interactive,Constructive,Active and Passive mode 四种学习方式的首字母缩写)。

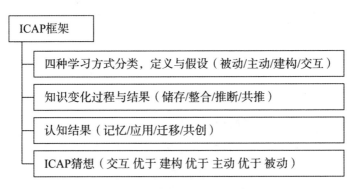

图 3－5　ICAP 学习方式分类框架(Chi & Wylie,2014:221)

图 3－5 从定义与假设、知识变化过程与结果、认知结果(程度)和 ICAP 猜想等方面概括了学习方式分类学的要素和结构。

(一)学习方式类别

学生学习的方式依据参与程度或者活动方式可以分为四种。第一种是被动学习,第二种是主动学习,第三种是建构学习,第四种是交互学习。

1. 被动学习

被动学习是学生在接受信息的过程中表现出来的,教师有时候也会说"集

---

① 何晔,盛群力.理解的维度之探讨[J].开放教育研究,2006(6).

中注意"。在 ICAP 中,集中注意被定义为被动学习,因为学生只是接受信息和趋近关注,没有发生其他的学习心理活动。

2. 主动学习

主动学习是指学生积极参与教学,通过实际学习行为操控学习材料,如抄写黑板上的习题解法,对重要句子划线,释义或重复定义等。

3. 建构学习

建构学习是指学生建构性地参与学习,能超越教材或者利用学习材料生成新知识,如画概念图或示意图,通过实例具体解释文本、样例中的解法,引发问题、提供证明、形成假设、比较或对照等。建构学习包含了主动学习。

4. 交互学习

交互学习指两个以上的学生协同努力,通过对话开展学习。交互不仅指对话本身,也不仅是采取主动学习。交互是指伙伴间彼此敞开想法,互相启发和补充,在倾听、欣赏别人的同时,也能够坚持自己的合理意见,说服或影响别人。交互对话中的互动可以涉及三种类型:自我建构——整合搭档的贡献,指导建构——与教师或者专家互动,序列建构和协同建构——与搭档依次发表意见或者协同发表意见。不管是哪一种,学习者所经历的不同活动方式,将导致不同的建构类型(从教师、专家、同伴中整合所得,与同伴轮流建构以及与同伴共同建构),获得不同的学习效果。交互学习与建构学习既有联系,又有区别。

四种学习方式的特征有所不同。第一种学习方式是"趋近"与"接受",第二种学习方式是"选择"与"操控",第三种学习方式是"生成"或"产生",第四种学习方式是"共创"(协同创新)。

(二)知识的变化

四种学习方式对应的知识变化过程也有四种。第一种对应"储存",第二种对应"激活"或"选择",也可以用"整合"来概括,第三种对应"推断",第四种对应"协同推断",包括"激活""推断"和"储存"。

与四种学习方式(活动)和四种知识变化过程(学习过程)相对应的还有四种知识变化的结果:第一种是"记忆",第二种是"应用",第三种是"迁移",第四种是"共创"。

（三）学习方式的猜想

学习方式分类学最后提出一种猜想：假设四个要素之间存在由低到高的连续性，后者包容前者，高级水平吸纳低级水平。具体可表述为：学习活动有不同的方式或类别，与之对应的外显行为会引发对应的知识变化过程或者学习过程。基于知识变化过程，每种学习方式能够预测不同的学习水平，交互方式水平高于建构方式水平高于主动方式水平高于被动方式水平（即可表述为 I>C>A>P）。

表 3-2 可以直观表达参与活动方式、认知过程与学习结果之间的关系（Chi，2012）。我们更可以用表 3-3 来直观地表达学习方式分类学的要素和结构之间的关系（Chi，2009b）。

表 3-2　参与活动方式、认知过程与学习结果

特征	被动（接受）	主动（操控）	建构（生成）	交互（协作）
外显活动举例	听讲课、看视频、读课文	逐字逐句记笔记、对句子划线	自我解释、提问	对搭档的贡献加以说明
可能经历的认知过程	"集中注意"的过程，此时的信息没有镶嵌在一定的结构中，孤立地储存起来，没有做整合工作	"填补空缺"的过程，此时选择材料进行操控，激活原有知识和图式，新知识能够在激活的图式中进行同化	"推断与创造"的过程，此时能够做到新旧知识结合，精细加工，互相联系，比较对照，类比、概括、演绎、反思程序的条件，解释因果关系	"共同做出推断"的过程，此时需要与搭档一起经历生成过程，如互相说明对方的贡献，整合反馈意见与观点，协调解决冲突与矛盾，对已有的解决方案提出质疑和挑战
预期的认知结果	惰性的知识，没有适当的情境无法激活回忆，能够回忆死记硬背的知识	图式更加完整或者得到强化，提取更加便利和能更有意义地回忆知识，能够解决相同或者相似的问题	产生新的推断，或者修复已有的图式，或者丰富刚刚完成的东西，程序有意义、有理性并且得到证明	能够产生 1+1 大于 2 的效果，得出两个人都不知道的东西或者原来一个人不可能得到的认识
预期的学习结果	最浅层理解，死记硬背	浅层理解，浅尝辄止	深度理解，实现迁移	最深度理解，达成创新

表 3 - 3 **ICAP 框架**

类别		被动	主动	建构	交互
特征		趋近与接受	选择与/或操控	生成或产生	对话中合作
教学或学习任务	认知过程	以孤立单一的方式储存信息	激活原有相关知识，以新旧知识结合的方式来储存	激活原有相关知识，推断新知识，使用激活的和推断的知识来储存新知识	激活、推断、储存以他人的知识为基础整合和建构
	知识变化(作为认知过程和结果)	记忆在同一情境中	应用相似的问题或情境中	迁移解决或解释不同问题	创造发明、发现新方法和解释
	理解学习材料	最浅被动方式	浅层主动方式	深度建构方式	最深交互方式

（四）学习方式分类学猜想的验证

通过四类研究①四种参与方式的实验室研究；②文献获取的参与方式的比较研究；③针对记笔记、概念图和自我解释三种参与活动的两两对比研究；④真实的课堂研究，研究者验证了学习方式分类学的猜想。

（五）学习方式分类学的价值

学习方式分类学提出并验证了新的革命性理念：参与就是能力；提出了特色鲜明的 ICAP 学习方式分类学框架；为交往领域的深化研究提供了启示；深化了教学设计研究，填补了研究空白；学习科学研究的重要突破，为改进教学实践指明了路径；为学习方式变革的落地提供借鉴。

一般来说，学习方式分类学是一种带有行为特征的认知参与理论，其对认知参与活动提出了具体的、操作性界定，以便能运用于各种不同的学习环境。①

---

① 盛群力,丁旭,滕杨,等.参与就是能力——"ICAP 学习方式分类学"研究述要与价值分析[J].开放教育研究,2017(4)。

五、单元整体教学

（一）单元整体教学的含义

单元连接着课程与课时,单元设计既是课程开发的基础单位,也是课时计划的背景条件。单元是一种集合,这个集合遵循怎样的逻辑来组织"学科逻辑",在很大程度上体现着课程组织的逻辑。单元教学法是为解决教师过于关注具体课时而忽视单元整体性所带来的"知识的系统性、整体性与课堂教学的分散性"之间的矛盾。遵循整体性原则是实施单元教学法的关键,即把单元看成一个整体,基于单元目标确定具体课时目标,重视单元内各知识点的相互关系、单元之间的联系,这体现了整体教学法的部分诉求。①

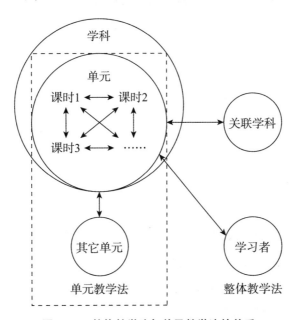

图 3-6　整体教学法与单元教学法的关系

单元整体教学与新课标提倡的大概念在内涵上是一致的。大概念下设具体概念,前者对应本单元要解决的核心问题,后者对应具体问题,每个具体的问题需要学生在完成特定任务的过程中解决。"核心问题→具体问题→任务驱动"的单元教学设计思路可以驱动学生对知识的理解和应用,培养学生的核心

---

① 王海青.论整体主义教学[J].全球教育展望,2019(4).

素养。

要把握单元与具体课时的教学目标,就须了解课程的总体目标。要使教学得以有效实施,还须对学习对象的年龄特征、知识储备和认知水平有整体的把握。

(二)知识建模视域的单元教学设计

知识建模视域的单元教学设计,能够克服以知识为中心的课时教学设计局限,建构整体认知,发展思维能力,实现知识和方法的应用迁移,使学科核心素养培育真正落地。知识建模视域的单元教学设计,关键要处理好知识层级结构、单元教学目标、问题解决过程和过程评价四个环节。①

知识建模,即重视核心概念,以及概念与概念之间的关系,把知识概括为一些基本模型。根据学生认知水平,围绕核心概念对学习单元进行建构与设计,促进学生对核心概念的理解、建构与运用,围绕希望学生去哪里""怎么带领学生抵达那里""怎么知道学生是否抵达那里"三方面的问题,对知识结构、学习目标、学习活动和学习评价进行科学设计。

一般可从重构单元内容、分析统合单元教学目标、呈现真实情境、设计问题解决过程、关注过程综合评价等方面展开设计与实施。

(三)单元整体教学设计思路

教材单元是承载主题意义的基本单位。教师在教学时如果严格遵循教材单元结构,就容易按照知识模块组织单元教学,忽视主题意义的重要地位。如果以"任务"来组织单元教学,强调"从做中学",让学生在真实情境中完成特定任务,实现知识、方法与技能的融会贯通,对素养提升的意义会更大,基于主题的单元整体教学基本要素导图如图 3-7 所示。

图 3-7 基于主题的单元整体教学基本要素导图

---

① 刘振南.知识建模视域的单元教学设计[J].中学政治教学参考,2022,1(2).

1. 创设单元

在具体教学设计中,教师可先分析单元主题及其呈现方式,基于教材单元固有结构进行重组、补充与整合,即创设教学活动单元。活动单元以单元主题为主线组织单元内容,实现主题意义升华。

2. 制定教学目标

单元整体目标指向学科核心素养发展,统筹单元整体教学。课时具体目标则为整体目标服务,确定教学重点,体现主题意义。

3. 设计单元任务

任务要实现单元教学目标,分为大任务和小任务。大任务贯穿单元整体,小任务则在每个课时完成,两者之间相互联系而又有所区别。大任务是一种问题情境,具有统摄性。小任务是完成大任务的手段,它既可以是学习型任务,也可以是真实性任务。此外,教学过程中还要进行及时评价。任务完成后,教师可检测学生的学习情况,以评促学、以评促教。

近年来,单元整体教学也与其他理论融合应用,发展出了更丰富的实践方法,如从主题与任务的视角、基于问题和任务驱动的形式、基于结构化主题或者从"大概念"视角进行单元整体的教学设计或构型。

单元整体教学对课时教学的开展具有统领作用,是课时教学设计的根本出发点和着力点。教学设计之初应构建好单元整体设计知识结构图,包含学科大概念、次级大概念、基本概念、基本知识等要素,进行系统化的课前规划,制定单元教学目标,开展单元教学活动。

首先,要梳理知识间的纵横关系,形成知识本体层面系统化的知识网络图。在进行具体设计时,教师要关注学生知识结构化、思路结构化,知识的整体性和学生认识的递进性。其次,教师要从具体每一部分的课时内容出发,抽提出能够承载本节内容的学科基本概念和次级大概念。最后,要概括为更上位的学科大概念,促使学生的学习过程由浅入深、螺旋式上升,逐步形成相互支撑、内涵丰富的认知结构。

如何更好地实现具体知识内容和学科大概念的对接? 在实际教学中要确

定怎样的单元、单元的大小、实施形态(单一典型知识、跨章节、跨学段)以及学科大概念应如何解构等,仍是值得我们继续深入探索的问题。①

我们在研究实践中感悟到,结合科学概念学习的特点,首要教学原理、"ARCS"动机设计模型和"UbD"模式并通过本土化改造,很适合用于设计"问题解决""任务驱动"和"项目学习"的教学。

指向问题解决的高阶课堂样态,就是对应首要教学原理的"一个中心四个有效教学阶段"。在指向任务驱动的高阶课堂样态中,充分体现了首要教学原理的实质——主张教学应该围绕着聚焦完整任务,完整的教学任务应被置于循序渐进的实际问题解决情境中来完成,或以聚焦概念的关键属性作为完整任务,了解前概念、解构迷思概念、解构科学概念、迁移科学概念等四个教学环节对应着首要教学原理的四个教学阶段。

"ARCS"动机设计模型激发与维持学生学习动机,该模型关注的是如何通过教学设计来调动学生的学习动机问题,其有注意、针对性、自信、满意四个要素。我们在设计任务驱动课堂样态时,结合首要教学原理,以引起学生注意、指导学生自觉投入新概念的学习、应用新知解决实际问题获得自信、利用新概念解决新问题获得满意感等四个任务对应践行了以上四个要素,获得了良好的效果。在指向问题解决的"基于科学史课程的课堂样态范式"中,也融入了"ARCS"动机设计模型的四个要素。

我们在设计指向问题解决的"基于科学史课程的课堂样态范式"时,主要运用 UbD 理论中的引导性问题来组织教学内容,范式分四个环节,根据历史上科学家的经典实验设计序列化的引导性问题,通过逻辑推理引导学生在解决问题串中建构概念理想模型。在设计指向任务驱动学习的课堂样态时,我们整合了 UbD 理论中逆向设计、理解的三个维度及引导性问题等,以促进学生持久深入地理解,在应用中还借鉴了 UbD 采用的课堂教学结构 WHERE。

---

① 王春,李艳.学科大概念统摄下的化学单元整体教学设计[J].化学教学,2022(3).

第三节　科学教学方法理论

在教育理论和教学设计理论的指导下,为了实现科学概念教学范式的创新,我们应用了当代基础教育课程改革中提倡的新型学习方式,根据科学概念教学的特点,采用了探究式教学理论、概念转变教学理论、变异理论、PBL教学法理论、HPS教学理论和真实学习理论。

一、探究式教学理论

"探究"最本质的内涵应该是寻找(寻求、探寻、试图发现、仔细推求)问题的答案,其核心行为或动作是"寻找(发现)"。这是一个寻找的过程,一个试图发现的过程。寻找(发现)什么,不是寻找(发现)一样具体的物体或实物,而是寻找(发现)隐藏着的问题的答案,寻找(揭示、发现)现象背后隐藏的真相、性质、规律等。通过"探究",找到或发现了问题的答案,心中的疑问也就解决了。但问题的答案起初是不知道的,有的是隐藏起来的真相,有的是现象背后的奥秘(原因或规律),有的是需要做出的比较或判断。但不管怎样,问题的答案没有摆在眼前,也没有现成的解决办法,因此才需要努力去寻找,甚至是"多方寻找",以试图发现它们,找到或发现问题的答案。这个寻找答案的过程,自然需要不断地开展分析、推理等思维活动,有时需要反复"考虑",仔细去推求,甚至多人"商讨"(讨论)。[①]

美国《国家科学教育标准》中对科学探究就是这样表述的:"科学探究指的是科学家们用来研究自然界并根据研究所获事实证据做出解释的各种方式。科学探究也指的是学生构建知识、形成科学观念、领悟科学研究方法的各种活动。"之所以这样表述,乃是由于学生的科学探究式学习活动在本质上与科学家的科学探究活动有很多相似之处。

(一)探究式学习的特征

美国国家研究理事会2000年组织编写出版了一本专著,对科学探究式教

---

① 任长松."探究"概念辨析[J].全球教育展望.2014,43(8).

与学的重要问题进行了比较系统、比较有说服力的阐述,其中,将探究式教学的基本特征概括为如下五个方面的内容。

1. 学习者围绕科学性问题展开探究活动

科学性问题是针对客观世界中的物体、生物体和事件提出的,问题要与学生必学的科学概念相联系,并且能够引发他们进行实验研究,导致收集数据和利用数据对科学现象做出解释的活动。在课堂上,一个有难度但又让人能尝到果实、足以引发探究的问题;能激发学生的求知欲望并能引出另一些问题。比如,对于低年级学生,符合上述标准的一个问题可以是大黄粉虫幼体是如何对光做出反应的?对高年级学生,可以问:基因如何影响人的眼睛的颜色?而即使对高年级学生,提出今后一百年间全球气候将会如何变化这样的问题也是不合适的。这个问题虽具有科学性,但过于复杂,学生回答这个问题绝不可能全面考虑预测范围内有关的证据和论据。学生可能只会考虑个别因素,如云量的增多对气候变化将产生怎样的影响;或者可能考虑一些因果关系,如气温升高(或降低)对植物、气流、天气将有怎样的影响。

2. 学习者获取可以帮助他们解释和评价科学性问题的证据

与其他认知方式不同的是,科学是以实验证据为基础来解释客观世界的运行机制。科学家在实验中通过观察测量获得实验证据,而实验的环境可以是自然环境如海洋,也可以是人工环境如实验室。在观察与测量中,科学家利用感官感知,或借助于仪器如望远镜延伸感官功能进行观察,甚至用仪器测量人的感官所不能感知的物质特性,如测量磁场。有时,科学家能控制条件进行实验;而另一些时候则无法控制,或者实行控制将破坏实验现象。这种情况下,科学家只有对自然界中发生的现象进行大范围、长时间的观测以便推断出不同因素的影响。可以通过改进测量、反复观察,或者就相同的现象收集不同类型的实验数据的方法提高所收集到的证据的可靠性。证据是可以被质疑和进一步调查研究的。

在课堂探究活动中,学生也需要运用证据对科学现象做出解释。学生对动植物、岩石进行观察并详细记录它们的特征;对温度、距离、时间进行测量并仔细记录数据;对化学反应和月相进行观测并绘制图表说明它们的变化情况。同时,学生也可以从教室、教材、网络或其他地方获取证据,以对他们的探究进行补充。

3. 学习者要根据事实证据形成解释,对科学性问题做出回答

科学解释借助于推理提出现象或结果产生的原因,并在证据和逻辑论证的基础上建立各种各样的联系。科学解释须同自然观察或实验所得的证据一致,并遵循证据规则。科学解释还须接受公开的批评质疑,并要求运用各种与科学有关的一般认知方法(如分类、分析、推论、预测)以及一般的认知过程(如批判性推理和逻辑推理)。解释是将所观察到的与已有知识联系起来学习新知识的方法。因此,解释要超越现有知识,提出新的见解。对于科学界,这意味着知识的增长;对于学生,这意味着对现有理解的更新。两种情况的结果都能产生新的认识。例如,学生可根据观察或其他的证据解释月相的变化、不同条件下植物的生长状况不同的原因以及饮食与健康的关系等问题。

4. 学习者通过比较其他可能的解释,特别是那些体现出科学性理解的解释,来评价他们自己的解释

评价解释,并且对解释进行修正,甚至是抛弃,是科学探究有别于其他探究形式及其解释的一个特征。评价解释时,可以提出这样的问题:有关的证据是否支持提出的解释? 这个解释是否足以回答提出的问题? 从证据到解释的推理过程是否明显存在某些偏见或缺陷? 从相关的证据中是否还能推论出其他合理的解释?

核查不同的解释就要学生参与讨论,比较各自的结果,或者与教师、教材提供的结论相比较以检查学生自己提出的结论是否正确。这一特征的一个根本要素是保证学生在他自己的结论与适合他们发展水平的科学知识之间建立联系。也就是说,学生的解释最后应与当前广泛为人们所承认的科学知识相一致。

5. 学习者要交流和论证他们所提出的解释

科学家以结果能够重复验证的方式交流他们的解释。这就要求科学家清楚地阐述研究的问题、程序、证据、提出的解释以及对不同解释的核查,以便疑问者进一步地核实或者其他科学家将这一解释用于新问题的研究。而课堂上,学生公布他们的解释,使别的学生有机会就这些解释提出疑问、审查证据、挑出

逻辑错误、指出解释中有悖于事实证据的地方,或者就相同的观察提出不同的解释。学生间相互讨论各自对问题的解释,能够引发新的问题,有助于学生将实验证据、已有的科学知识和他们所提出的解释这三者之间更紧密地联系起来。最终,学生能解决彼此观点中的矛盾,巩固以实验为基础的论证。

（二）探究式学习的核心要素

探究式学习有时也被人们称为"问题导向式"学习,因此"问题"往往被视为探究式学习的核心。然而,"问题"在探究式学习中的重要性主要体现在它对学生合适与否而不在于它是否一定是由学生探究得来的。如前所述,即使探究的问题直接来自教师或其他途径,学生也完全可以进行高度探究性的学习活动。实际上,考察科学教学的现实,我们看到最大的问题还在于对证据收集、解释形成和求证的处理方式上。在一般的科学课堂上,学生可能没少忙碌于证据的收集,也要进行解释和求证的活动,但如何根据有限的线索确定证据收集的方向,如何在不止一个可能合理的解释面前做出决策? 这些对于探究至关重要的内容则多由教科书或教师所包办,留给学生探究的空间很小。

例如,浸入液体中的物体所受浮力的大小与其排开液体的多少是有关的,如果把物体排挤开的液体收集起来称量,就会发现它的重量刚好等于浮力的大小,这样的结果无疑可以作为著名的阿基米德定律的实验事实基础。但是关键的问题是,人们一开始怎么会想到要设法去收集那一部分由于物体的浸入而被排挤开的液体? 在科学发现的故事中,这才是最具奥妙、最有魅力的一段。这种最终能得到实验证据支持的假说就是通向发现的护照。而在谜底揭开之前,人们能够想到的、能够选择的假说肯定不止那一个(事实上由于导致一个好的假说的线索往往深藏在事实的迷雾之中而常常使人与它擦肩而过却无缘相会),在向科学进军的道路上,大多数的人和大多数的时间实际上是耗费在那些最终没能得到实验证据支持的假说上。

（三）探究式学习的原则

任长松归纳了探究学习的 18 条原则,可以作为我们实施探究式学习中的基本依据:

应提倡多样化的学习方式及其相互促进;应在多样化的科目中开展探究式

学习;应强调探究式学习的多样化设计模式;探究式学习应面向全体学生,并关照个别差异;应给探究式学习的开展提供足够的支持条件;探究问题的设计应首先关注"儿童的问题",面向生活,面向社会;探究学习的重点不在探究的操作方法和操作技能上,因此不必对此要求过高;探究中要辩证地看待学生自主与教师指导;探究中教师首先要充分地倾听学生发言;探究过程中要珍视并正确处理学生已有的个人知识和原始概念,引导学生积极反思;珍视探究中学生独特的感受、体验和理解;在探究过程中要强调学生之间的合作与交流(学生间的相互倾听);在探究过程中体验挫折与成功;不必一次探究透、探究完;不仅强调探究中的动手,更要强调动脑;不同学段,对探究的水平要提出不同的要求;把探究式学习与现代技术,如多媒体与互联网相结合;探究式学习的评价应以形成性评价为主。

二、概念转变教学理论

在科学教学中,学生认知结构中的迷思概念不但会妨碍新知识的理解,而且会导致学生产生新的迷思概念。以往的教学只是关注新知识的传授,但正确概念的传授并不能自动地改变学生原有的迷思概念,在教学之后,儿童往往仍然信奉原来的观点,可见,学生的迷思概念不可能通过传统的知识传授的方式由科学概念代替学生的迷思概念,而必须依靠学生的概念转变学习,实现由迷思概念向科学概念的转变。

(一)概念转变的含义

概念转变不同于其他学习理论是因为概念转变是由建构者认识论而来,认为知识的获得可以视为是一种建构的过程。许多研究概念转变的学者从不同角度来研究学习上概念的转变。尽管对概念转变有不同的理解,但主流观点是,概念转变是对已有知识的主要重构。[1]

他们将科学知识发展过程中,知识与范式转换的过程类比于学生学习的过程,认为科学知识的革命过程里,新的范式出现取代旧有范式的过程,就如同学

---

[1] Schnotz W., Vosniadou S. & Carretero N.. New Perspectives on Conceptual Change[M]. New York: Elsevier Science Ltd,1999.263.

生在进行科学概念的学习时放弃一个旧有概念转移到接受另一个概念的过程，而这个过程就叫作"概念转变"。

概念转变一般被定义为现有概念的转变（如信念、观念或思维的方式）。现有知识或信念的转变或重构是概念转变与其他学习方式的区别。在概念转变情形下，现有概念得到了根本的转变甚至被取代，成为学生用来解决问题、解释现象和在他们世界中活动的概念框架。

（二）概念转变的条件与影响因素

1. 概念转变的条件

在面对新、旧概念冲突时，在何种条件下学习者才会转变已有概念呢？对此，波斯纳等提出了概念转变的四个条件：①对现有概念的不满。只有感到自己的某个概念失去了作用，他才可能改变原有概念，甚至即使他看到了原来的概念的不足，也会尽力作小的调整。个体面对原来的概念所无法解释的事实（反例），从而引发认知冲突，这可以有效地导致对原有概念的不满。②新概念的可理解性。学习者须懂得新概念的真正含义，而不仅仅是字面的理解，他需要把各片段联系起来，建立整体一致的表征。③新概念的合理性。个体需要看到新概念是合理的，而这需要新概念与个体所接受的其他概念、信念相互一致，与自己其他理论知识或知识的一致，与自己的经验一致，与自己的直觉一致。个体看到了新概念的合理性，意味着他相信新概念是真实的。④新概念的有效性。个体应看到新概念对自己的价值，它能解决其他途径所难以解决的问题，并且能向个体展示出新的可能和方向，具有启发意义。有效性意味着个体把它看作是解释某问题的更好的途径。[①]

2. 概念转变的影响因素

波斯纳等借用 Toulmin 的"概念生态"一词指出，概念生态是学生所拥有概念所形成的一个环境，这个概念生态会影响概念转变的发生，也会使学生决定要不要接受新的概念，以至于决定愿不愿意改变原有的概念，这样的概念生态包含了：[②]①反例：不满足的主要来源就是在概念生态中，必须有反例存在；②类

①② Posner G. J., Strike K. A. & Hewson P. W. et al. Accommodation of a scientific conception：Toward a Theory of Conceptual Change[J]. Science Education,1982,66(2):211－227.

比或隐喻:类比与隐喻可以提供新的观念,使得新的概念变得可理解。③认识论信念:大多数的知识领域都具有判断何者为成功解释的标准。④形而上的信念与概念:在科学观念里,关于宇宙具有秩序、对称,或是不混乱的信念,通常在科学工作时决定了新概念应该被接受或是丢弃。⑤其他的知识:新的概念必须要比在其他领域的知识,或是竞争的概念,具有更多发展的前途。因此,当儿童在接受或拒绝新概念时,儿童的概念生态会影响其决定,此新概念必须与学习者既有的概念生态发生联结,概念转变才有可能发生。

许多研究者通过各种实验对概念生态做了研究,研究发现:首先,学生的概念生态与学习是息息相关的,概念生态潜在地影响学生对自然现象的了解。其次,学生的概念生态有相当大的差异,这种差异主要表现在概念生态的组成因子及其关联性。

而概念生态的研究必须从学习者的各个方面加以解释,于是泰森等人综合波斯纳等人的概念生态理论以及情绪观点等,提出了概念转变的多维解释框架,这个框架主要是从认识论、本体论与社会/情感三个维度来解释学习者的概念转变。① 藉此解释学习者的概念转变。其中本体论探讨的是

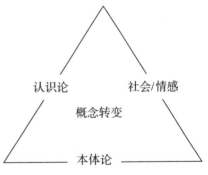

图3-8 概念转变须考虑的三个向度

学习者对于自然现象的认识与概念的本质。认识论探讨的是学习者对于所学知识的理解情形,也就是学习者如何看待知识。社会/情感观点探讨的重点是学习者学习时的态度与情感,如参与程度,喜好程度等因素。如图3-8所示,这些观点是相互影响,不能是相互妨碍或是增长。

我们可以认为,不同学生在不同的研究情境下,呈现出不同的概念生态组成因子,概念转变过程会受一系列主客观因素的影响。

① Tyson L. M., Venville G. J., Harrison A. G. et al. A multidimensional framework for interpreting conceptual change events in the classroom[J]. Science Education,1997,81(4):387-404.

（三）概念转变的方式与途径

1. 概念转变的方式

自概念转变模型提出以来，许多研究者对概念转变理论继续深入研究，提出了许多不同的概念转变方式。

（1）Chi 本体类别的转化。Chi 以本体论的观点分析概念结构，他将概念分为物质、过程和心智状态。依照概念在本体树跨越的情形，可分为本体类别内的概念改变与跨越本体类别间的概念改变。

类别内的概念改变是指概念改变的发生的在于同一本体树内概念上下的转变，而不是跨越不同的本体树。

类别间的概念改变就是科学概念从一本体树迁移到另一个本体树，这种类别间的转移才能称为根本的概念改变。

如图 3-9 所示，当只是类别之间的概念改变时（a、b），概念的本身并未改变其本身原来的意义，因此中心的圆点形状并未改变，改变的部分是概念中心树状脉络的位置，称之为概念的重组或是转移；若是跨越类别之间的根本概念改变，则是概念中心部分已经改变，我们以不同形状的图形来表示。

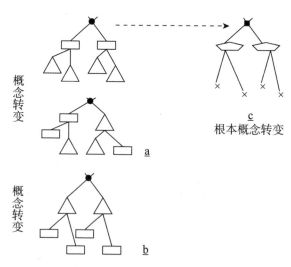

图 3-9 轻微的概念转变与根本的概念转变之区分

Chi 等人认为，造成学生在学习科学时发生困难的最主要原因在于，学生在表征此一概念的类别时,与它在科学上所真正隶属的类别,两者之间存在着错误的组合,或是不相容的情形;而当这种情况发生时,学生会将新的信息同化到他旧有的或是错误的类别中,因此学生就很难对这个概念产生彻底的理解。[①]

(2)撒加德概念转变方式。撒加德从树转移和分枝跳跃的观点探讨概念转变的机制。他认为概念转变包含了部分相关性及种类相关性两种类型的改变,所谓的"部分相关性"是指在概念树阶层里较为下位的关系;而"种类的相关性"则是指在概念的树阶层里较为上位的关系。[②]

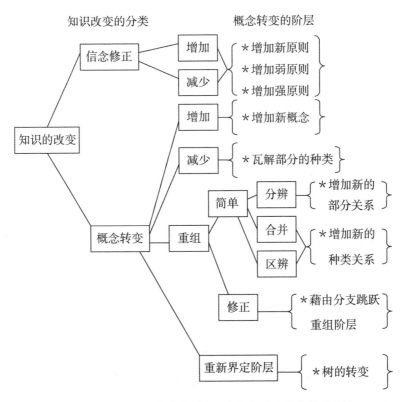

图3-10 撒加德概念转变的阶层与知识改变分类的方法论

撒加德以一个知识改变的方法论架构来看概念改变,如图3-10所示。他

① Chi, M. T. H., Slotta, J. D. & deLeeuw, N. From things to processes: A theory of conceptual change for learning science conception[J]. Learning and Instruction, 1994(4):27-43.

② Paul Thagard. Conceptual Revolutions[M]. Princeton: Princeton university press. 1992. 34-61.

认为概念改变远远超过信念改变的特质,而信念的修正、增加概念、简单重组概念阶层在科学知识的发展中常见,但分枝跳跃与树转变在概念革命中则较罕见。

(3)泰森等人的概念转变方式。泰森等学者在考察同时代人研究成果的基础上,提出了按概念转变水平不同进行分类的两分法模式,如图 3 - 11 所示。[1] 该模式按已有认知结构的改变方式将概念转变分为二种:丰富和重建。[2] ①丰富。该模式首先按已有认知结构的改变方式将概念转变类型称之为"丰富"。指在现存的概念结构中概念的增加或删除。②重建。重建意味着创造新结构,这种新结构的建构或者为了解释旧的信息,或者为了说明新信息。

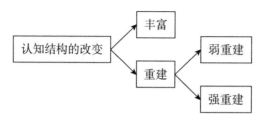

图 3 - 11 概念转变的层次与种类

2. 概念转变的途径

杜伊特(Duit)根据建构主义思想及各学者关于概念转变的方式,将概念转变学习分为两种途径,即连续途径和不连续途径。[3]

(1)连续途径。连续途径试图避开在不连续途径中的基本的重建的需要,其概念转变开始于同科学概念一致的学生原有概念结构或是对已有概念的重新解释。在第一种情况中,其要点是概念的变更和目标概念的协调是逐步发展起来的。在涉及科学概念和原理的解释时,并不是任何情况下都必须从学生建构的概念开始的。它也可能开始于某些问题领域中部分知识的类比,这一问题

① Tyson, L. M., Venville, G. J., Harrison, A. G. & Treagust, D. F. A multidimensional framework for interpreting conceptual change events in the classroom[J]. Science Education,1997,81(4):387 - 404.cation, 1997,81(4):387 - 404.

② Tyson L. M., Venville G. J., Harrison A. G. et al. A multidimensional framework for interpreting conceptual change events in the classroom[J]. Science Education,1997,81(4):387 - 404.

③ Duit R.. The Constructivst View in Science Education——What It Has to Offer and What Should not Be Expected From It[EB/OL].http://www.if.ufrgs.br/public/ensino/N1/3artigo.htm,2001 - 7 - 18/2007 - 3 - 11.

领域中的科学内容的结构与性质已被阐明。在第二种情况下,"重新解释"策略稍有不同。与之类似的是虽然它也是从学生的原有概念开始,但对它已用新的方式作出了解释。

(2)不连续途径。不连续途径的显著特点是学生已有概念与科学概念是完全不同的。在不连续途径中,认知冲突策略起关键作用。

(四)概念转变的科学教学过程

概念转变是学习过程中新、旧经验相互作用的集中体现,是新经验对已有经验的改造。皮亚杰从发展的角度阐述了儿童智力结构的基本性质,强调儿童认知发展的实质是认知结构的变化和转换。他认为个体的学习是平衡→不平衡→新的平衡的认知发展过程的统一。平衡是一种内在的、器质性的属性。但这种平衡是暂时性的,一旦原有认知结构与新知识产生矛盾或认知冲突,就会出现不平衡。换言之,个体的认知结构总是处在平衡—不平衡的转换与变化之中,这种转换与变化的契机与条件就是产生认知心理的不平衡,即产生认知冲突。一个在儿童的内在结构(图式)上产生干扰的事件,能使儿童的观念与他观察到的事实无法匹配。[①] 可见,在皮亚杰看来,认知冲突的产生是认知发展的一个重要条件。

当"认知冲突"产生时,学习者会改变自己的思考方式,寻找更妥善的方法去适应外在世界,消除冲突。其结果有助于学习者的心智发展,可以帮助学习者重新建立平衡状态,改善原有的认知结构。皮亚杰认为,个体为了达到认知上新的平衡,可以采取两种适应方式,第一是扩大自己的图式(scheme),将新信息增加到自己的图式内,即已有知识的类推运用,此过程称为同化。第二即是修正自己原有图式,以适应新信息,称为顺应。同化与顺应这二种过程互为消长,直到达到平衡状态为止。主体正是在这种不断地寻求平衡的过程中,实现了认知的发展。只有存在不平衡或认知冲突时,才可能出现认知发展。

在概念转变的科学教学中,教师为促使学生实现概念转变,首先必须要了解学生的原有概念。以此为出发点,教师设置情境,从而使学生产生认知冲突,

---

① [美]戴尔·H·申克.学习理论:教育的视角[M].韦小满,等,译.南京:江苏教育出版社,2004.

并适时引出科学概念,帮助学生解决认知冲突,实现概念转变。

根据以上分析,概念转变的教学过程可概括为以下三个阶段:①探测认知结构,了解已有概念;②引发认知冲突,解构迷思概念;③解决认知冲突,建构科学概念。

（五）概念转变理论的未来发展

未来理论的发展根植于概念转变研究的不断深入,因此概念转变研究在问题、方法以及视角方面应进一步改进,使概念转变理论更具解释力。在研究问题上,概念转变有待进一步澄清的问题包括:学习者原有的概念像科学概念一样是有结构的,还是基于现象主义的零散知识?学习者原有的概念是被消除、被新概念取代,还是与新概念共存形成多重表征?概念转变过程是剧烈革命的,还是缓慢进化的?是整体的,还是领域特异的?概念转变是否与学习者年龄有关?是否与学习者其他的认知能力如推理能力、建模能力、迁移能力有关?在研究方法和思路上,概念转变研究应注重生态性,关注真实课堂中的转变过程;超越"冷"的概念转变,将认知因素与社会/情境因素相结合;采用纵向追踪研究或微观发生的方法,聚焦动态的、生成性的概念转变过程。

同时,科学概念本身的研究也需要引起高度的重视。

三、PBL 教学法理论

（一）问题与问题解决的含义

PBL(Problem-Based Learning 即问题解决的学习)是当前新课改提倡的重要学习方式之一。人们在对问题解决进行研究时,首先要解决的问题是"什么是问题",或者说,在什么情况下碰到了属于问题的哪种状态?美国的纽威尔和西蒙(Newell & Simon,1972)认为:问题是这样一种情境,个体想做某件事,但不能马上知道对这件事所采取的一系列行动,就构成问题。简言之,问题是个体未能直接达到目标所处的情境。对于"问题"纽威尔和西蒙提出了"问题空间"概念,并把"问题空间"分为三个状态:①初始状态:个体经验、已有的有关条件等。②目标状态:期待获得的结果。③达标通路:由初始状态如何转化到目标状态的过程。大多数心理学家都认为一个问题含有三个基本成分(Mayer,

1992):第一,已知条件:一组关于问题的条件的描述,即问题的即起始状态。第二,目标:问题想要达到的目标,即问题要求的答案或目标状态。第三,障碍:即那些阻碍目标实现的因素。当起始状态和目标状态是已知的,但是当如何从起始状态达到目标状态的路径是未知的时候,就存在了一个问题。换言之,问题实质上包括三个要点:①问题以某种状态呈现;②它期望转变成为另一种状态;③没有直接明显的方式来完成此种转变。对问题的分类是一件十分困难的事。

乔纳森(Jonassen,1997)根据问题在结构性上的不同,将问题分为结构良好问题和结构不良问题。结构良好问题很典型地呈现出问题的全部要素;包含有限数量的规则和原理,而这些规则和原理是以肯定的和规定性的安排而组织起来的;拥有正确的、收敛的答案;并且有一个优先的、建议性的解决方法。

与结构良好问题相比,结构不良问题具有如下特点:①和具体情境相联系;②问题的描述比较含糊;③给定信息不完全;④目标不确定;⑤不知道哪些概念、规则和原理对于解决问题有用。结构不良问题是在日常生活实践中所遇到的那些问题。所以它们很典型的是新出现的。因为它们不是被限制在课堂上所学的内容领域里,它们的解决方案是不能被预料到的,也不是收敛的。它们的解决常需要几个内容领域的整合。同时,结构不良问题还有不明确规定的或不清晰的目标和未陈述出来的限制;它们可能会有多种解决途径,或者根本就没有解决办法。对这种问题的解决办法的评价也很可能会有多个标准(Jonassen,1997)。

何为问题解决? 安德森(Anderson,1980)把问题解决定义为受目标指引的认知性操作序列,即问题解决的程序就是应用一定的操作使问题从初始状态经过一步步的中间状态,最后达到目标状态的过程。问题解决有三个基本特征:①目的性。问题解决必须具有明确的目的,无明确的目的不是问题解决。②操作序列。问题解决必须包括一系列的心理操作过程的序列。没有心理操作,不能称为问题解决。③认知操作。问题解决的活动必须有认知成分参加,它的活动依赖于认知操作来实现。

(二)问题解决的过程模型

纽威尔和西蒙(Newell & Simon,1972)认为问题解决就是对问题的理解和搜索。问题的理解就是形成问题的内部表征,依据这个表征,信息加工系统开始搜集解决问题的途径。格拉斯等(Glass & Holyoak,1986)提出问题解决可以划分为四个阶段:形成问题的初始表征(对问题的理解);制定问题解决的计划,寻找问题解决的方法;重构问题的表征(对问题的进一步理解);执行计划或检验结果。这一模式将四个阶段有机地联系在一起,体现了问题解决的非线性特点。基克(Gick,1986)根据问题解决的策略研究,也提出了一般问题解决的四个阶段:理解与表征;寻求解答;尝试应答;评价。这一模式不仅强调问题表征的重要性,也进一步说明问题解决不是简单的线性过程。从认知心理学观点来看,问题解决的过程一般包括以下四个环节:①问题表征。就是将问题转化为内部的心理表征,其实质就是对问题的主动地建构与理解。②策略选择。就是选择特定的问题解决的方法或程序。③策略运用。就是执行一个解题方案,包括在策略选择中所决定的各种操作和策略。④结果评价。就是运用元认知对解题过程、结果是否得当作出评估。

我们认为,问题解决包含着一系列相互联系着的阶段,可以划分为发现问题、分析问题、提出假设和检验假设四个阶段。①发现问题。是指认识到问题存在,并产生解决问题的动机,发现问题是问题解决的初始阶段和前提。②分析问题。是指明确问题的条件和要求以及它们之间的关系。通过分析问题,人们可以明确问题的关键,决定问题解决的方向。③提出假设。是指在分析问题的基础上提出问题解决的方案,包括问题解决的方法和途径。提出假设是问题解决的关键步骤,它是具有创造性的阶段,需要对已有的知识经验进行重新组织,以适应问题的解决。④检验假设。是指通过一定的方法,确定所提出的假设是否可以有效地解决问题。检验假设的方法有两种:一种是直接检验,即通过实际操作来检验假设解决问题的实际效果;另一种是间接检验,即通过思维活动来检验。但是,最终的检验还是要通过实践的直接检验。

(三)问题解决的教学模式

问题解决的教学模式是培养学生问题解决能力的有效途径。长期以来,许多教育家、心理学家以及哲学家,依据问题解决的过程模型,提出了多种问题解决的教学模式。

巴罗斯(Barrows,1993)把问题解决教学过程分为五个环节:①组织小组,②提出问题、解决问题,③小组交流,④活动汇报,⑤解题后的反思。乔纳森(Jonassen,1997)从细化已有的问题解决过程的信息加工模型出发,提出了结构良好问题解决的教学步骤:①复习概念、规则与原理,②呈现问题领域的概念模型或因果模型,③出示样例,④呈现练习问题,⑤支持搜索解法,⑥反思问题状态与问题解法。并且对以建构主义为理论基础的结构不良问题的教学过程提出了从五个方面入手,帮助学生成为更好的问题解决者:①利用社会交互作用,②在有意义的情境中呈现问题,③提供发现问题的练习,④为问题解决的新手提供支架,⑤教一般问题解决的策略。

基于问题的学习也是一种重要的解决结构不良问题的教学模式。它的主要特征是:①以问题为学习的起点,②必须是结构不良问题,③学生的一切学习内容是以问题为主线所架构的,④偏重小组合作学习,较少讲述法的教学,⑤学生必须担负起学习的责任,教师只是指导元认知学习技巧的教练。基于问题的学习实施程序如下:①向学习者呈现问题,让学习者确定问题及与之有关的事实、因素和限制;②学习者分析问题的可能原因、解决程序和方案;③学习者确定未知事实、学习问题和学习资源,并把问题分成独立的研究任务;④学习者分别进行研究;⑤学习者重新组合、反思自己的学习,把新的知识用于问题,精练和修正问题形成的原因和解决方案的假设。

上述问题解决的教学模式的基本思路是:把学习置于复杂的、有意义的问题情境中,通过让学习者合作解决真实的问题,来学习隐含于问题背后的科学知识,形成解决问题的技能,并形成自主学习的能力。问题解决的教学模式的典型过程是:学生以小组为单位,开始解决一个实际问题;为了解决问题,学生往往需要获得一些必要的专业知识,然后相互交流所获得的知识,并讨论如何运用所获得的知识来促进问题的解决;如果在讨论的过程中,小组发现还需要研究另外一些新的学习议题,学生们就需要反复循环地产生学习议题,分头查找资料,小组讨论交流,直到问题得以解决;问题解决后,学生们还需要对自己的学习过程进行反思和评价,总结所获得的知识和技能。

我们认为,在学科教学中,一般的问题解决的教学模式包括以下环节:①创设情境,引入问题。教师精心设计难度适当而又有助于学生形成认识冲突的问题,让学生产生一种认识的困惑,以形成积极的探究动机,创设最佳的问题情境。②分析问题,收集信息。学生回想旧知识,自学新知识,形成解决问题的知识网络,以架设问题和目标之间联系的桥梁。③寻找方法,设计方案。使问题情境中的问题与认知结构联系起来,以激活有关的背景观念和先前所获得的解决问题的方法,探索解决问题的途径。④评价方法(或验证假设),得出结论。对问题解决的过程、方法进行评价,优胜劣汰,获得新结论。或由学生收集、整理有关假设的材料,经分析、概括得出结论。⑤应用新知,产生迁移。将新知识迁移到新情境中解决问题,从而实现对新概念的验证、应用、巩固和提高。

(四)问题解决的教学策略

1. 创设恰当的问题情境

在问题解决的学习中,教师要创设恰当的问题情境,以此启动教学。问题情境是指个人觉察到的一种有目的但不知如何达到的心理困境。问题情境应具有三个基本要素:未知的事物(学习目的,即存在一定的问题)、思维动机(想解决这个问题)、学生的知识能力水平(觉察到问题但不知如何解决问题,即问题处于学生的最近发展区)。问题情境设置的目的就在于提出问题,使之与学生已有知识经验产生激烈的矛盾冲突,从而使学生萌发解决问题的欲望。设置问题情境应注意以下几点:①新的未知的知识。即为建构新的认知结构所需要掌握的知识。为了设置问题情境,必须把需要学生掌握的知识放在未知事物的地位上,这样才能为学生的思维定向。②学生的现实可能性。即学生已有的知识技能与认识水平。所提出的问题必须让学生在已达到的知识水平上能察觉得到,这是思维的开端。学生现有知识水平是进行思维的重要基础。③学生的思维动机。即对求解未知事物(问题)的需要,一般来说,问题情境就是通过学生的已有知识经验与新知识之间的矛盾冲突来引发学生对解决新的问题的需要的,因为心理学研究表明,人都有填补认知空缺、解决认知失衡、认知冲突的本能。学生一旦有了解决问题(矛盾)的渴望,就能促使他们去想、去行动,所以说。创设问题情境是推动学生产生问题进而问题解决的学习契机、基础和前提。

2. 指导学生正确表征问题

已有研究表明,问题的表征建立在对问题理解的基础上,而问题的适宜表征对问题解决的难易程度产生显著的影响。由于人的工作记忆容量是有限的,而许多问题又是如此复杂,以致工作记忆很容易超载,因此,在建立问题表征时,必须对已有信息进行筛选。教师帮助学生表征问题可以运用各种方式,如可用抽象思考、绘制图表、图片、草图和列表等方法表征问题,从而简化问题。

3. 调控学生的问题解决的过程

在问题解决的学习中,由于学生的个体差异,学生问题解决的途径不同,遇到困难也不同,教师要根据不同的情景作出适时的反馈调控,规范学生的学习。教师对学生问题解决的活动指导,不应是直接给出学生问题解决的相关信息,更不应直接给出问题解决的方案,而是应该通过提出相关的问题,用问题启发学生的思维,激发学生思考。具体方法是:①W 针对学生出现的失误,提出引发学生思维冲突的问题;②如果学生不知如何深入进行问题解决的活动,就应提出能使问题不断深入的后续问题;③提供解决问题的相关信息的来源,让学生学会如何查阅有关信息,而不是直接告诉学生相关的信息。

4. 促进学生知识的整合

促进知识的结构化,优化学生的认知结构,是提高学生解决问题能力的基础。现代认知心理学的研究表明,专家和新手相比,前者比后者解决问题更迅速更有效,其根本原因表现在两者在知识表征上的明显差异。专家头脑中的知识是分层组织的结构性知识,新手头脑里的知识则往往采取水平排列,是零散和孤立的。由此可见,专家与新手解决问题能力的差距,主要在于前者具有良好的认知结构。因为完整的知识图式,在解决问题时能触发联想,综合运用知识,从而最终找到解题的途径。在知识结构网络中,每一点知识与其他知识总有千丝万缕的联系。这需要教师在教学中注意讲清每个具体的概念、规律,以及它们的来龙去脉,发展引申和联系,从而避免教给学生孤立、零散的知识,以使学生建立起层次性知识结构。为了帮助学生形成整体性的知识结构,可以采用奥苏伯尔的综合贯通原则,揭示相互并列的知识的横向联系,从而形成网络化知识结构。在教学中,老师要通过抓住知识的中心与要领,统揽全局,打破知识的章节界限和原有的知识结构,对所学的知识以新的方式重新组合,重建新的知识结构网络。

5. 合理评价学生问题解决的过程

学习评价是学习和教学过程的一个关键环节。问题解决的教学评价强调整合式和情境性评价,并且要以真实性的方式实施,是内嵌的、透明的、动态持续的、非传统的和非封闭定向的评价。教师不但要注重学习结果评价,还要注重学习过程的评价;不但要评价学生对书本知识的获得,还要评价学生从事实践活动及其动手操作的能力。

在问题解决的学习中,尤其要注重形成性评价。形成性评价能让我们及时了解学生在问题解决的过程中存在的问题,并及时加以调整,这对于学生的学习更具有实际意义。由于学生在解决问题过程中,从学习目标的确定到问题的最终解决都会因人而异,因此要对每个学生的学习作出客观的评价是不太现实的。可以采取的方法是让学生通过解决新的问题来检验学生的学习效果。学生要解决的新问题应与学过的知识有一定的联系,但又不是单纯套用这些知识就能解决的,既要以学过的知识为基础,又要设置一定障碍。选择这样的问题,有利于检验学习存在的问题,有助于检验学生学习的效果。总之,评价要注重学生问题解决的过程,要对学生参与程度、参与积极性、对集体的贡献进行评价,而不是把评价仅局限于学习结果上。①

四、HPS 教育理论

HPS(History, Phisophy, Society)教育是指科学史、科学哲学、科学社会学对科学教育的影响,这里分别做出论述。

(一)科学史与科学教育

科学史与基础科学教育相结合,推进基础科学教育的改革,已成为当前的世界潮流和趋向。科学史的教育价值有以下几个方面。

1. 理解科学本质

从科学史的内涵出发,对照科学本质的主要观点,可以认识到:①只是通过

---

① 袁维新,吴庆麟.问题解决:涵义、过程与教学模式[J].心理科学.2010.33(1).

教科书学习科学,学生对科学往往持有一种非历史的观点,认为科学的理论是万古不变的永恒真理。而科学史表明,真理与谬误是相交织的,科学家在创造发现的同时,也伴随着可笑的曲解和无端的结论,科学理论无非是科学家对自然规律试图做出的解释。而且,科学像其他的人类文化一样,植根于特定的文化土壤,是由特定的文化素养和文化传统的人推动的,并依赖于特定的历史条件而产生出来。这有利于培养学生大胆质疑态度、谦虚宽容的品质,问题意识、探究精神和创新思想。②科学史同时展现出科学发展不断进化的及革命性的特性。学生单纯地学习教科书,会误认为知识是一种常态的、线性累积的过程。这种观点下的科学教育,认为教学可以成为知识传递的过程,科学学习是亦步亦趋的模仿,是现成知识的无条件接受。特别在科学概念发生革命性转变时,学生会变得茫然无措。③观察渗透理论。观察不是客观的、中性的,原有的信念、价值观,已有的知识和经验在很大程度上决定着他观察到了什么,又如何理解他所观察到的现象。④科学方法也和科学知识一样不是纯客观的,并不存在一种单一的万能的"科学方法",科学方法是多元的、丰富的。⑤在科学教学中,强调动手操作和实践能力,通常认为这是主要经由"归纳资料"的过程,这是一种实证论、经验论的观点。这种观点已经受到波普尔、库恩(T. Kuhn)和拉卡托斯(I. Lakatos)的有力批判。以实验探究活动教授科学理论,即已假设学生如果有了正确的资料,他们就会以搜集的资料修正前概念。这就容易导致混淆"做科学"与"学科学"。⑥科学家是有创造力的。在科学历史上,伟大的科学家不仅增长人类的自然知识,也传承独立思考、追求自由的科学精神,传播在人类生活中相当宝贵的协作、友爱、同情和宽容精神。单纯地学习科学教科书,常常会扭曲科学家的真实的形象,甚至造成对科学家的误解,认为科学家都是神奇的天才,科学的创造常常是神来之笔或科学家的灵机一动。科学家成为思维怪异、行为乖戾的非常人。

2. 建构科学知识

儿童如何学科学?儿童眼中的科学世界是什么样?研究结果表明,儿童的心理发生与科学史具有十分类似的机制,这为我们在科学教学中如何实现知识的建构提供了依据和启示。瓦德西(J. H. Wandersee)的研究也表明,学生关于光合作用的迷思概念,历史上著名的科学家也产生过,学生对光合作用理解的过程,与科学史上光合作用概念的演变有密切的关系。

从这样的观点看科学史与科学知识的建构,可以认为:①以教师讲解或教科书写明的方式,权威地认为某事是真实的,尤其在以"定义"的方式呈现科学理论时,导致学生学习科学理论如同学习语言一般,只是记忆与复述。并且误认为只要能用公式解答问题,就是能理解甚至运用科学理论了。知识一旦剥离了产生它的过程,思考被记忆替代,理解被背诵置换。②强调必须让学生了解科学学习是新旧范式的转变,包括概念及方法学的转变,唯有让学生了解这种转变,才能真正了解科学知识的建构本质。③从认知历史分析法看,这种分析法是结合实际科学实践的案例研究,以认知科学的分析工具和理论去创造一个新的、范围广泛的理论,说明在科学中的概念结构如何建构和改变。认知历史分析法在认知方面也反映出我们所理解的科学知识必须是心理上实际可行的,显示出具有创造力的科学家不仅是极有天赋的人类,其实他们也像所有人一样,是具有生理和社会特质的人类。就某种重要意义而言,科学是人类心智与这世界,以及人与人交互作用的一种产物,科学理论并不是先验所决定的,因此,我们应该找出人类如何以认知能力形成科学理论。

3. 了解科学过程

人类对事物的认识历史和儿童对事物的认知过程具有相似处。科学史为我们更好地理解儿童的认知规律和儿童认知科学世界的过程、儿童如何构建他们心目中的科学图像提供了依据。可以说学习者学习科学概念的进程是人类研究科学学进程的"复演",是作为学习者的人在学习科学学的过程中"重演"着人类探索科学学的历史过程。一些科学教科书往往把科学研究的历程过于简化了。牛顿万有引力定律的发现过程,有的描写成是牛顿看到苹果落地后联想出来的;有的只是把开普勒(J. Kepler)第三定律和牛顿第三定律代入圆周运动向心力公式推演出来的。学生误认为万有引力定律就是这样冥思苦想或公式推演的结果,既误解了科学研究的过程,也误解了科学家。

4. 掌握科学方法

在科学家不胜枚举的创造性工作中显示出来的种种绝妙的方法,对学生都会有极其深刻的思维上的启示。在一般的教学中,教师讲授的是已得到的成果和经过纯化了的推理步骤,而对于研究方法却提到不多。而且,大多数科学教科书和科学教学中所强调的往往是研究中理性的、逻辑的方法,而实际研究中,科学家们却常常使用带有浓厚的非理性、非逻辑色彩的方法,如科学想象、理想实验、试探猜测、大胆假设、直觉与灵感等等。布拉什(S. G. Brush)在《Science》上发表论文,曾对科学方法有一段精妙的论述:今天科学史与科学哲学的研究,极大地瓦解了传统的科学形象,科学不再被仅仅看成是对客观事实的发现,"客观性"不再是科学发展中的唯一主题,传统教科书给出的"假说—演绎"方法论(理论应该与实验事实相符合),也被许多伟大的科学家亲口否认。爱因斯坦拒绝让实验"事实"动摇他的相对论的基本假设,而是以洛仑兹(H. A. Lorentz)的理论作支持。狄拉克(P. Dirac)则说:"一个理论家宁可要一个美的方程,也不要一个丑的但结果与实验数据更一致的方程。"普朗克更有一个在科学界所传诵的"普朗克原理":"科学的重大革新很少通过说服反对者并使他们转变立场来实现,索耳是难以变成保尔的。事实上倒是,反对者逐渐死去,新生的一代一开始就熟悉新思想。"

5. 认识科学价值

我国传统科学教育的价值取向主要在于:强调经典的学科科学体系,重现学科系统知识的习得,理解学科的基本结构、概念和符号系统,能运用这些知识解释和解决一些学科的问题,特别是运用于解题。在基础科学教育中运用科学史,对培养学生的科学态度、情感和价值观,具有特别的意义:①激发学生对科学的好奇心和求知欲。很多科学家认为好奇心是科学家的重要素质。②科学态度是现代公民的基本素质,是从事任何工作的基本条件。从基础科学教育的角度看,可以认为有严谨求实、实事求是、尊重事实、勇于实践,一丝不苟、精益求精、敢于求真,谦虚宽容、善于合作、独立思考、追求自由,崇尚科学、反对迷信、勇于批判、大胆创新、关心环境、关心社会等。科学史中有大量的范例,丰富的内容,使学生受到潜移默化的浸染,并内化为学生的科学精神。③如何认识科学的价值,科学史揭示了科学技术被滥用或恶用的情况下,对社会、对人类所造成的危害,既要认识到科学技术与社会之间的复杂的相依关系(STS研究),也要正确地看待科学技术广泛应用后出现的负面效应,从而培养学生的社会责任感。①

(二)科学哲学对科学教育的影响

在当前大力倡导学科核心素养为理念的新一轮课程改革背景下,我们不得不考虑一些有关科学与科学教育的重大问题:什么是科学观? 科学的发现与发展的模式是什么? 如何评价科学理论? 科学教育的目标、科学课程的设计、科学课程内容的确定、科学教育与教学的评价、科学教师专业化的内涵与发展、科学教育研究等。这要从科学哲学的最新发展,寻求上述问题解决的理论指导,并寻找研究和发展的有效途径。

按照我国当前基础教育课程改革的现实需要,鉴于科学哲学的现代发展,参考国内外的已有研究成果作出思考,提出以下几方面的建议。

具备丰富的背景知识,有充分的心理准备,专注于某一个问题的思考,才可能抓住偶然的机遇,"机遇偏爱有准备的头脑。"苹果落地,根本不是牛顿"发现"万有引力定律的关键,牛顿对伽利略、哥白尼、开普勒理论的深刻理解以及对力学问题的长期思索,才是关键。教师只是强调"发现"历程的意外与偶然,只会给学生带来赞叹、猎奇或挫折感,却无助于学生的学习。

从库恩的理论,我们可以知道,科学发现与科学创造是复杂地纠缠在一起的,难以区分。即如果没有概念的创造、理论的创新或范式的更新,"事实"与"现象"不可能有新的意义。所以科学发现并不是一种立即、确切、戏剧性的单一事件,而是一种缓慢、连续、比想象中更长期的历程。我们想要培养学生敏锐的观察力,必须先培养其敏锐的心灵,而敏锐的心灵来自于丰富的图式、多元的理论、开放的心灵与创新的动机。

"科学发现"必须以"科学创造"为前提,因此,不是机械性的历程,也不是形式逻辑的运算历程,没有一种"发现的逻辑"可以保证某个研究路线终会得到一个答案。但"科学发现"有理由可循,有脉络可循,因为科学的历史发展是一个演化的历程,是一个自助自长、自我组织的历程,科学共同体会根据领域发展史所形成的内在理由对不同的概念进行比较与评价,做出理性的选择。所有的

---

① 蔡铁权.科学史在基础科学教育中的角色[J]全球教育展望.2009,38(1).

科学概念都会随着科学的发展而逐渐改变,但每一个改变都是有理由的,所以概念之间具有连续性,而理由与理由之间也具有关联性。对科学教学来说,须加强:①科学史的素养;②科学演化历程的分析;③多元观点的评价比较;④各种选择理由的充分说明。否则,会使"科学发现"的事件变得神秘,其结果变得独断。

新范式不断地开疆辟土,内涵的丰富性逐渐达到饱和,新范式终于变成了旧范式,创造性就会降低。这时,如果仍然强烈地依赖旧范式,视野就会受到束缚,提出问题与解决问题的方向都无法突破,并且对很多不符预期的异常现象也会视而不见,这时范式抑制了创造。在科学教学中,单纯地过分地强调知识的传授和旧有范式的掌握,会使学生对新现象见怪不怪,降低了洞察的敏感性,抑制了创造的欲望。

波普尔认为创造思维与批判思维两者相容,甚至认为批判思维能激励创造思维。库恩认为发散思维与收敛思维之间应该维持一种必要的张力。但是,费耶阿本德只强调多元,强烈主张科学理论的增长与科学方法的多元性。的确,单一、支配性的理论或单一、支配性的方法论,皆不利于知识的成长,因此,"量化取向"和"质化取向"应该共存,可以接受批判,而不应该遭受权力的排挤。但是,单纯强调多元或多样化,对于知识的成长并不充分,有时甚至会造成概念、价值观与社会的混乱。一名好的学习者,必须维持创造思维与批判思维之间、发散思维与收敛思维之间、或变异与选择之间的动态平衡与循环反馈,若缺少其中任何一个方面,都不利于知识的成长与创造。

科学哲学在科学教学中的融合,不是简单地对形式的追求。库恩提出,包含的理论(范式)不见得能由反驳一个关键理论而被取代,但是从一个大的范围来看,这包含在科学领域之外的社会和心理的因素,影响着个别的科学家和科学共同体的人。""拉卡托斯和图尔明采用波普尔和库恩中间的观点,强调不是关键性实验的本身产生概念改变。拉卡托斯提出抛弃一个理论不是由于'理论和新实验结果产生冲突',而是从一个开放的角度争辩另有的理论。只有当拥护者渐渐体认到另有理论的好处,和持续持有旧理论的缺点时,此理论才会被抛弃。图尔明确强调渐进和演化的(相对于革命的)历史的概念改变本质。

学生欲改变他自己日常概念成为正确的科学概念时,常遇到许多困难,他们这种历程就像科学史上旧概念范式改变为新概念范式时一样,均遭遇许多困难。学生所树立的科学观是否正确与科学知识的多少并不成正比,没有对这方面的自觉认识,即使掌握了较多的科学知识,其科学观仍然可能是陈旧的和错误的,科学素养也不可能提高。

霍德逊(D. Hodson)指出,现在最急迫的需要,是以目前科学哲学的观点重新考量科学课程知识论的基础。只靠一种学习经验就可以得到多种的预期效果的这种假定是一个草率的想法。他建议:①事实的和理论的知识的获得;②严格地审查支持或反对理论的证据和理由;③练习使用理论来解释现象;④使用理论来预测;⑤实验技能和技术的获得;⑥考验各个理论的预测和结果;⑦设计考验假说或讲解理论的实验;⑧形成假说;⑨以逻辑批评的方法来考验假说(Ⅰ.内在一致性Ⅱ.和其他现存理论的一致性)进行实验以考验假说;⑩体认和科学有关的社会—历史—经济的问题和应用。

科学教育如果导致了学生对科学与科学家的崇敬演变成盲从盲信,则将会为"科学主义"的盛行提供合适的土壤。在科学教育中我们应自觉地倡导开放性、发展性与多变性。对于"笛卡尔—牛顿传统"的机械决定论的自然观应有明确的认识,应由对"因果性、简单性、线性"的刻意追求转变到对"目的性、复杂性、内在联系"的明确承认。自然科学观正经历着由确定性、可预测性向不确定性、不可预测方向的重要转变。我们在科学教育中应当十分注意对于"机械决定论的自然观"的自觉批评与超越。①

(三)科学社会学对科学教育改革的贡献

科学社会学对科学教育改革具有多方面的贡献。同时希望引起对这一问题的关注,在科学教师的培养和培训中,也能涉及科学社会学的内容。

1. 科学社会学对每个人必不可少

阿尔钦(D. Allchin)于2004年在《科学教育》杂志上发表了"科学社会学应该被定位在 X 级?"的论文。在这篇论文中,阿尔钦直截了当地指出,科学社会学应该被定位在"E"级:对每一个人所必不可少的(Essential for Everyone)。在经过多

---

① 蔡铁权.科学哲学观点的变化对科学教育的影响[J]全球教育展望.2008,37(2).

方面详尽地做出阐释后,阿尔钦提出:教师应该基于科学本质在标准化和描述性要素之间清晰地做出区分,并且在科学教学中完全地都得到满足。科学家是如何工作的? 他们什么时候工作? 他们有时候为什么会分裂? 可能的结果是什么? 我们如何认识他们? 科学家是如何纠正错误的? 所有这些提出的问题在学生的学习活动中都可能仿效。每一种科学课程应该包括一些基于科学中的错误和科学家后来又是如何觉察到并克服错误的社会性案例。阿尔钦指出:"我认为,教没有错误的科学,就像教没有疾病的医学或是教没有犯罪活动的法律一样。"其结果是与真实的实践相分离。科学工作并不是理想化的。

科学知识的学习,要与学生的日常生活,与社会实践相联系。科学发展要历经错误的磨难,那么科学教育中,学生也需要经受错误和挫折,这才可能理解科学。

2. 科学受社会影响

科学的兴趣中心除了受科学的内在发展力量所决定外,还受社会力量的决定。在今天的大科学时代,对科学成果的评价也不能完全只由科学共同体决定了,而是社会公众对某项科学发现的认可,可以改变科学家对此项发明的轻视态度。科学界对青霉素发现价值的评价就是一个极好的案例。此外,科学中的睡美人(sleeping beauties in science)现象,也是存在的,表明科学共同体的成员更多时候是在常规科学范式中进行研究的,因此,这种现象非常值得科学社会学的关注和研究。科学发展除了有自身的规律外,还会受社会制约,科学共同体并非是象牙塔,也不是世外桃源。

3. 真正的知识超越国界

"祛利性"是科学家以及科学活动时的行为规范,亦即是一种游戏规则。换言之,通过"科学"追求"利益"需要遵循一定的规则,规则之一就是不能要求生产出来的科学知识直接为生产者自身的"利益"服务,因为利益常常导致盲目和偏见。恰恰相反,科学共同体需要在制度层面,以"有经验证据"和"逻辑上一致"为先决条件,排除科学知识产品中因个人利益所导致的偏见和错误,使科学知识逐步从不太可靠的个人知识转化为比较可以信赖的公共知识。这样的知识,是超越国界和文化差异的,而不能以地方主义或其他什么来限制。正如默顿指出的,也许文化会造成阐述方式的不同,以及对研究成果的不同程度的兴趣,然而,若是可信的知识,在不同文化和不同社会中都是适用的。某种文化中具地方特色的知识在另一种文化中不一定适用,可是那并不影响思想方法的效力。这也应了著名科学家巴斯德(L. Pasteur)的一句名言:"科学家有祖国,科学无国界"。

4. 科学是一种社会活动

20 世纪后期,"大科学"兴起,科学更趋向于是一种社会化的事业。如始于 1942 年的曼哈顿工程,参加研制的科技人员近 15 万,耗资 20 亿美元,历时三年,制造出了第一批原子弹。1961 年开始着手进行的阿波罗登月计划,前后参加研制的有 200 家公司、120 所大学,耗费达 300 亿美元,终于在 1969 年实现了人类第一次登上月球的宏伟目标。由美国科学家于 1985 年率先提出,1990 年正式启动,美国、英语、法国、德国、日本和中国科学家共同参与的人类基因工程,耗资达 30 亿美元,计划历时 15 年,旨在为 30 多亿个碱基对构成的人类基因组精确测序,发现所有人类基因并搞清其在染色体上的位置,破译人类全部遗传信息。此计划于 2003 年提前两年完成。这样的工程在结构上与社会所发生的多方面的复杂联系,也是小科学时代科学英雄们的研究所不可同日而语的,这些项目的启动更多的还在于对它们的社会价值的考虑。

5. 科学是一种文化过程

"科学是女神,不是挤奶的母牛!"科学本身就是文化,是人类文化的一部分。科学在发展的过程中,科学家在做出他们的巨大的发现时,又不可避免地受到时代文化和观念的影响。科南特(J. B. Conant)在他著名的演讲《理解科学》(On Understanding Science)中,描述了高度概括化和系统化的观念对于科学的作用。他把这些观念称作为"概念图式"(conceptual scheme)。科南特认为,如果没有适当的概念图式,科学研究要么是盲目的,要么是毫无成效的。

科学文化与人文文化之间的关系,斯诺(C. P. Snow)提出了"两种文化"的问题。索卡尔(A. Sokal)在 20 世纪末挑起了"科学大战",其实质是对科学或科学知识的本质所进行的论战。科学是一种文化过程,科学文化和人文文化理应进行对话,进行融合,而不是对立,彼此以深深的鸿沟作阻隔。在科学教育中,亟须协调人与自然和社会的和谐,促进人的发展和社会的进步。这既不能削足适履、刓方为圆,也不是揠苗助长、一蹴而就,而是使两种文化在相互借鉴、彼此补苴的基础上珠联璧合、相得益彰。①

五、真实学习理论

(一) 真实学习的特征

真实学习的理论与实践研究近来越来越引起人们的关注,这是因为学校学习脱离真实世界这一问题越来越受到重视。将知识获得与知识应用割裂开来而在学校学习中只关注前者的做法,不仅易于使得这种知识成为"惰性知识",而且使得这种脱离真实世界的知识获得过程本身也失去学习与探索应有的乐趣。古人说,"学不至于乐,不可谓之学"。以此标准看,学生在学校大多是在"受教育",而不是学习。学生不愿意学习,获得了书本知识也不知如何应用,这是学校教育中存在的普遍问题。

学习科学领域著名学者多诺万(Donovan)、布兰斯福德(Bransford)和佩莱格里诺(Pellegrino)将真实学习定义为这样一种教学方法:允许学生在涉及真实世界的、与学习者关联的问题和项目的情境脉络中进行探索、讨论和有意义地建构概念和关系。他们根据众多的研究,总结了真实学习的特点,包括:①学习聚焦于学生感兴趣的真实任务;②学生参与探究;③学习经常跨学科;④学习与课堂之外的世界密切相连;⑤学生介入到复杂任务中,运用高阶思维技能,如分析、综合、设计、操作和评价信息;⑥学生产出产品,可以与课堂之外的受众分享;⑦学习是由学生驱动的,教师、家长和外部专家在学习过程中提供帮助和指导;⑧学习者运用脚手架技术;⑨学习者有机会进行社会对话;⑩有充分的资源。Rule 提出真实学习最重要的要素,包括四个方面:①活动聚焦于真实世界的问题,这些问题模仿这一学科中的专业工作,并将结果呈现给课堂之外的观众/听众;②进行开放结果的探究,运用思维技能和元认知;③学生介入到学习者共同体的对话和社会学习中;④学习者通过选择获得赋权,指导自己在相关的项目工作中进行学习。

---

① 蔡铁权.从科学社会学认识科学教育的改革[J].全球教育展望.2009,38(4).

这种真实的学习,有助于解决前面提到的学习者积极性不高以及知识与实践脱离的问题,特别是有助于培养以下能力:①判断力,区分可靠信息与不可靠信息;②耐久力,进行较长时间的论证;③综合能力,识别不熟悉境脉中相关的类型;④灵活地进行跨学科、跨文化工作的能力,产生革新性的解决方案。

真实学习所主张的学习方式,不是要让学习者直接去接受物品化的知识——"传播""传递""授受"等术语很好地描述了这种教学方式,而是让学习者在尝试解决真实世界问题、完成真实世界任务的过程中习得这些知识。从这个角度看,当前教育改革的根本问题不是知识重要与否之争,而是如何让学生得到知识之争。

从真实学习的相关研究看,它在理论基础上强调杜威开辟的以儿童为中心、注重"做中学"、注重学生参与问题解决和实验探究的教育传统。在当代学习理论中,真实学习的研究者则高度关注情境认知与学习理论,特别是莱芙(Lave)和威戈(Wenger)等人的观点。

实际上,真实学习的相关实践主张、策略与基于情境学习观的实践主张、策略多有相通乃至相同之处。在具体的实践方式上,同探究式学习、基于案例的学习、基于问题的学习、基于项目的学习也有很多相似之处。有些真实学习的研究者也将上述教—学方式作为真实学习的具体形式,这从另外一方面表明了真实学习同它们的关联。关于教学的这些观点正是当代多种革新性的教学研究者所主张的,这些教学主张也都指向于传统教学中的问题,指向当代信息社会所要求的诸多核心素养。

真实学习的概念框架和相应的实践的要旨是,它是通过真实世界的问题与任务的展开让学生进行学习的。就其纯粹形式来说,真实学习的"真实"包括多个层面的真实。第一个层面是学习者面对的问题和任务的真实,比如在学习有关环境的知识时,学习者的直接任务不是要学习具体的学科内容,而是要完成一项任务并形成产品或者结果以便与他人交流。

第二个层面的真实是结果或者产品的真实,源自第一个层面,即问题或者任务的真实。活动就是要产出一个真实的结果。这个结果和不以学习为目的的人面对这项任务时产出的结果/产品是一样的。

第三个层面是环境和过程的真实。环境的真实重点体现在学习者使用的资源、工具上,过程的真实性重点体现在因问题的复杂性、开放性和定义不良而对于高阶思维活动的要求,以及同样在真实世界中出现的对于合作、交流、对话的要求。它重点是从学习与真实实践的内在一致性这一角度出发提出其学习观念和教学主张的。①

（二）真实学习的准则

1. 进行高层次的思维

按照布卢姆教育目标分类学,学习不能只停留在识记和理解等低级的层面上,还要进入到分析、评价、创造等更高层级的活动和技能中。虑及技术对学生的影响时,要特别强调使用信息技术须激发学生动机、增进学生交流、建构学生价值技能、拓展学生理解和促进学生的高级思维。她指出,一般学生寻找答案需要经过三个步骤:分析,评价以及整合。在此过程中,教师不能将某个问题的答案直接教授给学生,而要学生通过自己的探索、思考、实践来获得答案,老师只能是起到组织、指明方向和给学生创造机会的作用,同时,合理运用现代信息技术,引导学生进行高级别的思维。如果不是服务于这个目的,那就是无效的。让学生高效能地思考是目的,教师要给学生方向、指示,甚至给他们犯错的机会。

2. 追求知识和理解的深度

在授课中强调学生需要主动学习,在来上课前阅读笔记和做个小测验,然后再在课堂上花些时间促进学生深层理解。基本的或总的内容信息是在课外由学生独立完成的,课堂上主要解决更多富有挑战性的问题,讨论和评价学生工作、深度思考和运用学生课外获得的材料,老师的指导是以项目或探究为基础的。修订过的布卢姆教育目标分类学:记忆、理解、运用、分析、评价和创造。并对记忆与理解进行了区分。其中,记忆是对信息的回顾,包括识别、列表、描述、检索、命名、寻找等。理解是对观念和概念的解释,包括诠释、总结、分类、释义、解释等。当学生能够清晰地下定义、展开讨论、解决问题、明确解析,另外与相对复杂的理解一起运用时,知识才能被认为是深度的理解。

① 郑太年.真实学习:意义、特征、挑战与设计[J]远程教育杂志.2011(2).

3. 与真实世界相联系

这几乎是所有授课教师所强调的一点。"学习不是因为它是一门学科,也不是因为要考试,而是因为它具有真实的需要。""教师没有权力告诉学生应该想什么,而是要提供多种可能性,让他们自己去探索。"也就是说,学习要与真实世界相联系,要具有真实的情境、真实的任务和真实的探索。"真实性学习"意味着给学生更多的机会尝试、犯错,要注意到犯错给学生更多的机会提升自己,这要比仅仅给他们提供答案更好更重要。

4. 实质性的对话交流

这不仅是老师们在课堂上强调的问题,也是老师授课经常采用的方式。高水平的实质性的互动交流显现出三个特征:涵盖高阶思维迹象的主题素材的大量互动;不是照本宣科或控制的观念分享;建立在参与者的观念基础之上以促进对主题或论题的共同理解的对话。课堂互动、分享、对话意味着师生之间、生生之间的合作与交流。21世纪必须具备的技能包括数字素养、交流技能、高级思维、合作技能(既能小组合作又能够独立)、同理心和真实性学习技能。其中,交流与合作在21世纪变得格外重要。

5. 提供促进学生取得成就的社会支持

学生的学习需要获得包括教师在内的最有效的社会支持,为学生明天的成功做准备。她强调教育的基本准则和目标是保证所有学生都获得同等的高质量的教育,而不论其性别、居住地、种族背景、社会经济地位和学习需要有多么的不同。那么在学校如何支持学生在学习、工作和今后的事业取得成功?现代信息技术可起着支持性、辅助性的作用,提供直接的、脚手架性的教学,包括选择(融入)数字工具;弄清教学运用数字工具的每一个步骤,及可能产生的错误步骤。除此之外,社会支持程度还可通过学习社区的文化氛围来衡量,如对所有学生抱有较高期望、建立相互尊重的氛围、使每个学生都参与整个学习过程等。所有学生都受到欢迎和重视,就表明班级有较高的社会支持。

(三)真实学习的设计

真实性学习的设计,需要包含对各种学习环境要素的系统思考和整体设计。学习是发生在具体的场所之内或之间的,与具体场所相关联的物理特征、可用材料以及典型活动,对学习过程和学习结果产生重要影响。其中,材料和技术,包括数据的可视化技术表征和技术工具,构成了基本资源,人们经由这些资源或个体或集体参与到整个学习活动中。故在基础课教学中,为了实现技术与内容的深度融合,人们在运用各种可视化材料和技术工具时,需要遵循以下四点要求:

1. 以促进学生深度思考为目的

把现代信息技术运用于教学并不是为了展示这些先进技术的魅力,也不仅仅是为了娱乐和形象生动,吸引学生的注意力,而是要以促进学生高级思维为目的,促进和激发学生学习和创造。思考源自问题,并不是所有的问题都能激发学生持久探究。真实性学习的引发,必须嵌入有意义的话题,即用已有的知识能理解,与现有经验相比有冲突或挑战,学习者能够感知该问题对所在的社会和生活的重要价值等等。

2. 以学生的真实体验为路径

尽管我们可以通过图片、视频、动画、演示等方式让课堂的学习"真实性"有所增加,但我们依然认为当学习者移至一个真正的思考体验场所,或一个拟真的体验场所,一个虚拟实景软件中时,学习者更容易真实地思考、探究和成长。

3. 以课堂互动、分享、对话为桥梁

社会建构主义认为,知识是实践共同体的社会协商,是经过讨论、辩论、质疑、对质,最终认同的结果。因此,学生在真实性学习过程中体验到的不应当只是被告知,而应当体验到和教师、和专家、和同伴的多重协商过程。

4. 以建构爱的教育情境为助推力

教育既是"我—你"共同参与、教学相长、品德共进的过程,也是"我—你"相互理解、相互悦纳、相互启发、共享快乐的过程。其极为强调以生为本,强调关注每一个学生个体,全身心地爱他们,不遗余力地帮助他们,支持他们,使他们获得最大程度的成就,为明天的成功做准备。[①]

以上科学教学方法理论,在实践中经过我们理解消化,被我们广泛用于第四至第七章中"高阶课堂"样态的基本特征、设计原则和应用策略的阐述之中,作为教师可操作的教学设计学理支持,在此不再重复。

---

① 梅萍.真实性学习与基础课教学改革探思[J].广西教育学院学报.2005(4).

第四章 素养导向的"问题解决式"课堂样态的理论与实践

本次《义务教育课程方案》修订重点之一是"强调素养导向",注重培育学生终身发展和适应社会发展所需要的核心素养,特别是真实情境中解决问题的能力。基于核心素养确立课程目标,遴选课程内容,研制学业质量标准,推进考试评价改革。

PBL(Problem-Based Learing,问题解决学习)是当前新课改提倡的重要学习方式之一。何谓问题解决？安德森(Anderson,1980)把问题解决定义为受目标指引的认知性操作序列,即问题解决的程序就是应用一定的操作使问题从初始状态经过一步步的中间状态,最后达到目标状态的过程。所谓"问题解决"的教学,是针对具体的学科教学过程,强调以问题为中心,鼓励学生主动地通过形式多样的探究活动,以获取知识和技能,发展能力,培养情感体验,创造性地解决实际生产生活中的问题。通过问题解决的教学使学生学会思考,学会运用知识来解决问题,成为一个更好的问题解决者或决策者,从而提高科学教学的实效性。

第一节 "问题解决式"课堂样态实施的主要特征

新课程改革是我们对好的教育的期待,问题解决的教学的积极倡导者波利亚对"好的教育"提出了自己的看法,他认为,"什么是好的教育？系统地给学生提供自己发现事物的机会……"在这里他强调了好的教育的评价标准,就是能够让学生自己发现问题、解决问题。

"问题解决式"课堂样态,是以问题解决引发学生深度学习的学与教方式。它要求基于真实的问题情景激发学生提出挑战性问题,围绕问题引导学生探究概念的内涵,并运用获得的问题解决能力和批判性思维,"动脑"解决实际生产生活中的问题。研究证明,基于问题解决的学习是促进深度学习的主要教学策略之一,尤其具有真实性和批判性的问题情境更能引发深度学习发生。"问题解决式"课堂样态具有问题性、实证性、合作性和连续性等基本特征。

一、问题性

"问题解决式"课堂样态需要基于恰当的问题情境,充分利用学生的已有知识和经验与新问题的矛盾冲突,激起学生对新知识的需要、产生兴趣和探索愿望。问题情境即"问题+情境",简单说,问题就是障碍、矛盾,情境就是背景。如果说情境让教师和学生产生联结的话,问题则是学生和内容的联结,而问题情境把这三者都打通了。为此,教师要围绕科学教学目标,根据学生的认知起点、兴趣点和盲点研究学生的最近发展区,精心选择蕴含科学核心概念的问题情境,使学生获得感性认识,从而在问题情境中探索科学知识理解和迁移核心概念,使每位学生在问题解决中都能体验成功的愉悦,感受发展的充实。

二、实证性

科学是一门以实验为基础的综合学科,实验是科学教育最有效的形式之一。其中概念等科学核心知识的构建,需要通过学生大量实验不断探究来解决,让学生充分体验实证问题的论证解决过程,去获取数据,对实验数据进行分析、归纳和逻辑推理,从而找出问题的答案。例如,在学习"体温调节"时,为了说明温度高会使皮肤血管扩张、血流量增加;温度低会使皮肤血管收缩,血流量减少。教师设计了以下学生实验:观察冷、热水下皮肤血管的变化。实验具体步骤:让同一学生将双手分别放入冷水(10℃)、热水(47℃)各1分钟,通过"同屏技术"放大让全班学生观察其双手颜色的变化。其结果是放入冷水盆和热水盆中的分别变白和变红,并清晰看到热水盆中手的皮肤血管明显扩张。

三、合作性

基于问题的学习也是一种重要的解决结构不良问题的学习模式。它的主要特征之一是:偏重小组合作学习,较少讲述法的教学。学生必须担负起学习的责任,教师是指导元认知学习技巧的教练。实施"问题解决式"课堂样态的基本思路是:把学习置于复杂的、有意义的问题情境中,通过让学习者合作解决真实的问题,形成解决问题的技能并形成自主学习的能力。抽象概念和定义性概念的构建过程中,需要学生通过小组合作等形式共同解决复杂问题,学生在问题解决的过程中经过独立思考,提出假设,进行论证并进行交流和反思。这些活动都需要学生思考并积极主动地合作。

四、连续性

在概念的构建过程中,教师要以问题内在联系和知识前后衔接为链条有机构成"问题连续体",由浅入深、由易到难、由小到大地推出或展现,确保问题教学得以规范实施,取得应有的实效。

【案例】"蒸发"概念的教学片段

教师让学生先用棉花蘸上酒精在桌面上写上自己的名字,再观察桌面上名字的变化,并思考以下问题:

问题1:桌面上的名字慢慢不见了,变成了什么?

问题2:这个变化过程中包含了哪种物态变化?

问题3:日常生活中,你还见过哪些类似的现象?

学生根据三个问题在小组内展开讨论,教师引导学生回答并总结得出"蒸发"的概念。

本教学片段设计思路是利用"学生写在桌面上的名字很快消失了"这一现象,教师创设问题情境吸引学生的注意力,同时通过构建讨论交流的学习环境,让学生寻找现象背后的原因,根据自己的生活经验列举类似现象,最后归纳总结得出"蒸发"的概念,既能让学生感受科学探究的过程与方法,又能培养学生讨论交流的能力和归纳总结的能力,使学生感到学习有用和有趣。

第二节 "问题解决式"课堂样态的设计原则

问题解决的教学运用于科学概念教学,是践行当代教学理论的具体体现,是教与学的风向标,关系到学生思维活动的广度和深度、知识结构建构的精细及学习策略方法的获取。因此,问题解决的教学必须遵循一定的设计原则。①

一、问题启动性原则

教师要以统摄性的、真实的中心问题启动教学。已有研究表明,在真实的问题情境中,学习者更有动力去获取知识,所学的信息也更容易提取,这些信息也更容易在后续课程中加以应用(R. E. Mayer,1998)。首要教学原理有五大原则,最重要的原则是"教学应该以问题为中心",中心问题的解决会达成效果良好的优质教学。

【案例1】"压强"概念的学习引入

教师一上课,就提出一个真实的中心问题:一位芭蕾舞演员在表演时脚尖触地,一头成年大象站在水平地面上时每只脚掌触地。你认为哪种情况下,对地面的压力作用效果更明显?

教师设计了以上有趣的、极具挑战性的两难问题:同时涉及压力和接触面积两因素,只考虑单一因素无法解答,并且无数据。这营造了积极探究氛围,从而引发学生积极的讨论,激活学生的原有经验,使该问题成为统摄一节课的中心问题。

---

① 陈锋.初中科学概念教学教学新范式的实践探索[J].上海教育科研,2016(11).

二、问题序列性原则

要在逐渐增加难度的问题序列中展开教学。首要教学原理强调,教师只有引导学生聚焦真实生活中的中心问题,使他们循序渐进尝试解决由简单到复杂的问题时,才能促进学习,从而达成效率较高的优质教学。

【案例2】在"蒸发"概念时,教师引用热带沙漠地区的天然冰箱——"罐中罐"作为例子。

奈及利亚的北方是一个赤贫地区,乡村地区的人们依靠农耕勉强维持生活。在那里没有电力,因此没有冷藏设备,易腐坏的食物在几天之内就会坏掉。食物变坏易引起疾病,同时也造成生活艰困的农夫收入损失,因此他们每天都要被迫赶紧卖掉他们所生产出来的食物。1995年,奈及利亚的一位老师穆罕默德·巴·尔巴发明制作了简单又便宜的陶器"罐中

罐"(如右图所示)。这个简单的冷却设备,可以使原本只能保鲜三天的茄子在27天中保持新鲜,从而使这个半沙漠的地区开始了革命性的生活,他也因此获得了"劳力士企业奖"。

以此真实事物作为学习对象,激发学生的学习动机。教师引导学生对"罐中罐"提出一系列由浅到深的问题:为什么"罐中罐"要用陶罐来制成?为什么罐和罐之间要放上湿的沙?为什么"罐中罐"中的白菜可以较长时间保鲜?在解决过程中明白其中的科学道理。然后,进一步探究以下问题:为什么"罐中罐"会成为天然冰箱?用水代替双层陶罐的湿沙层效果会更好吗?你们能探究出双层陶罐降温效果的影响因素吗?你们能通过改进使其降温更快吗?学生对追问的问题进行猜想、设计实验、讨论交流、得出结论,达成了深度学习,同时实现育人价值。

三、参与合作性原则

选择需要合作解决的复杂问题吸引学生积极参与。PBL 教学法要求,要把学习置于复杂的、有意义的问题情境中,让学生通过小组合作等形式共同解决实际的问题,学习隐含于问题背后的科学知识,努力达成参与度高的优质教学。

【案例】抽象概念"光合作用"的教学片段

教师引导学生建构了光合作用概念模型后,提出了以下真实问题:

小明同学的妈妈从水族馆买回来几棵水草,让小明放在水族箱内,说这样水中会有较多的氧气让鱼儿呼吸。爱动脑筋的小明同学想让这几株水草释放出更多的氧气。你们能帮他想出几种办法让水草释放出更多的氧气吗?每小组可以合作设计实验来证明你们的想法吗?(请用图片或文字来表达实验设计)

本教学片段设计思路是:教师引导学生思考影响光合作用的因素,通过小组合作将光合作用概念模型应用于解决真实生活中的复杂问题,达到对概念的巩固和迁移。

四、思维逻辑性原则

要遵循知识发生的逻辑规律顺序教学。问题解决必须包括一系列心理操作过程的序列。没有心理操作,不能称为问题解决。在科学概念教学厘清知识脉络的基础上,按照科学知识发生的逻辑规律顺序设计,使科学教学符合学生的思维顺序。例如,在具体概念"重力"教学中,教师以"重锤线"的实验引入课题,指出在学了本节课后能解释这一现象,接着就另起话题讲重力的概念、方向、大小、作用点,再解释"重锤线"的实验现象。这样处理反而使学生学习的逻辑顺序发生了中断,不如将"重锤线"的实验放到讲重力的方向来演示。

五、学习迁移性原则

要迁移解决生活中新问题促进深度学习。选择应着眼于生活中的复杂的科学概念实际问题,迁移到学生的实际生活中时,让学生通过小组合作等形式共同解决,使学生顺利解决实际生活中新问题,最终才能使学生达成深度学习。

【案例】"压强"概念的结课

教师播放中央电视台的真实事件:2014 年 5 月 25 日,一位老人睡不着,清晨 3 点外出散步,不小心踩入泥潭,于是他趴在泥面上不敢动弹、大声呼救,消防队员及时赶到,他们会如何施救?

观看了消防队员解救过程后,教师再提出问题:你不小心踩入泥潭时,如何寻求帮助以及自救?

教师设计以上问题,能让学生把所学知识应用在现实生活中,真正使科学服务于生活,同时使学生的基础知识、基本技能得到进一步的巩固和加强。这也是首要教学原理倡导"聚焦解决问题"的宗旨下,具体的概念教学任务被置于循序渐进的实际问题情境中来完成,最后通过所学内容来解决现实问题,体现科学为生活服务、科学能使人类更智慧地生活。

第三节 "问题解决式"课堂样态的范式种类

针对当前"一些教师能提出大量的问题,但是缺乏挑战性"的现象,我们探索设计了"问题解决式"的课堂样态,其关键是要设计"挑战性问题"。

教师要能从社会、生活、历史等多途径挖掘真正的问题。我们在实践中发现,真正的问题至少需要具备三个要素:一是学生感兴趣的,因为科学教育是能动的过程,学生对科学的兴趣是学习科学最直接和特殊的内部动力;二是问题要基于学生已有的经验,有利于教师根据学生原有的知识状况进行教育;三是问题解决的难度为学生现有能力可及,在"最近发展区"内,从而有利于学生形成对未知事物进行探究的心向。

我们汲取当代教学理论的要义,根据科学概念的特点,探索出以下两种"问题解决式"的课堂样态的范式。

一、"问题解决式"课堂样态的两种范式

根据解决的问题不同,我们汲取当代教学理论的精髓,把"问题解决式"课堂样态范式分为聚焦挑战性问题的现实生活类范式 1 和聚焦科学史问题的学科实践类范式 2。

（一）范式1:聚焦挑战性问题的"问题解决式"课堂样态

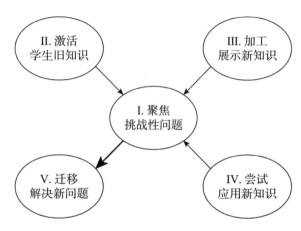

图 4-1 聚焦挑战性问题的"问题解决式"课堂样态

如图 4-1 所示,运用本范式,教师要关注蕴含核心概念的现实生活情境,聚焦真实情境中的真实问题开发课程,然后对真实问题进行分析,提取出学生感兴趣的、具有挑战性的科学问题,让学生回顾所学的相关知识,再利用先行组织者策略,补充添加相关联的旧知。要围绕着意义学习的要求,搭建积极的心理意向和学习意义,通过系统的加工等策略,建构出知识模型。最终指导学生应用新知识,迁移解决现实生活中的新问题。

（二）范式2:聚焦科学史问题的"问题解决式"课堂样态

何为学科实践?简单来说,学科实践是指具有学科意蕴的典型实践,即学科专业共同体怀着共享的愿景与价值观,运用该学科的概念、思想与工具,整合

心理过程与操控技能,解决真实情境中的问题的一套典型做法。[①]

如图4-2所示,运用本范式,教师需要聚焦概念发生发展阶段中的疑难问题,引导学生像科学家那样思考问题,从概念形成历史的坐标系中梳理出与此概念关键属性紧密相关的科学史料,开发成学习课程,通过基于真实情境的问题提出引起学生注意,根据历史上科学家的经典实验设计序列化的引导性问题,通过逻辑推理引导学生在解决问题串中实验并建构概念理想模型,获得自信和满足感,最终让学生在解决真实生活问题的基础上巩固、迁移概念,同时体会到科学家高阶思维之魅力。

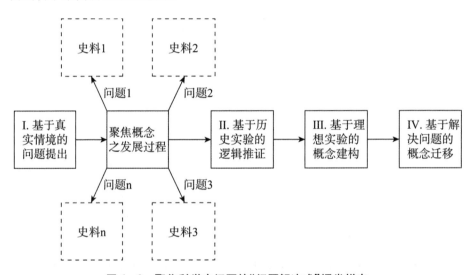

图4-2 聚焦科学史问题的"问题解决式"课堂样态

二、"问题解决式"课堂样态的两种范式比较

两种范式的共同点是:它们都要聚焦挑战性问题,都要通过解决真实情境中的问题,建构概念模型,最终迁移概念解决新的真实问题。

两种范式的区别是:应用范式1要聚焦解决的是学生现实生活情境中的真实问题,而应用范式2要解决的是科学家当年当时条件下的疑难问题,教师要引导学生像科学家那样思考、推理、论证,甚至模拟理想实验,为此必须具备批

---

① 崔允漷,张紫红,郭洪瑞.溯源与解读:学科实践即学习方式变革的新方向[J].教育研究,2021(12).

判性思维和创造性思维等高阶思维介入。

第四节 "问题解决式"课堂样态的解读及实践

我们在大量的探索实践中,将教学理论与科学概念教学充分整合,提炼出指向"问题解决式"课堂样态的四大基本特征、五个设计原则及两个新范式。以下从四方面全面诠释每个课堂样态。

一、聚焦挑战性问题的"问题解决式"课堂样态

(一)范式内涵

主要汲取首要教学原理和真实学习理论的精髓,我们开发了以下聚焦挑战性问题的"问题解决式"课堂样态范式,如 89 页图 4-1 所示。

教师要关注包含有核心概念的真实生活情境,聚焦真实情境中的真实问题开发课程,然后对真实问题进行分析,提取出学生感兴趣的挑战性科学问题,让学生回顾所学的相关知识,再利用先行组织者策略,补充添加相关联的旧知。教师要围绕着意义学习的要求,搭建积极的心理意向和学习意义,通过系统加工等策略,建构出知识模型,最终指导学生应用新知识,迁移解决现实生活中的新问题。

(二)范式解读

Ⅰ.聚焦挑战性问题。聚焦解决未达成一致结论的、真实世界的、能引起认知冲突的挑战性问题,迅速激起学生的学习兴趣和探索愿望。

Ⅱ.激活已有旧知识。首要教学原理认为,激活已有知识和技能的心智模式,并将其作为新学习的基础时,才能促进学习。

Ⅲ.加工展示新知识。深度学习的发生需要复杂的高阶思维、精细的深度加工,在加工中批判性地学习新知识,就易将它们融入原有的认知结构中。

Ⅳ.尝试应用新知识。在问题解决学习的后阶段,需要开展有梯度的练习或变式练习,同时需要不断地减少支架辅助,从而能够在众多概念间进行联系,构建出新的认知结构。

Ⅴ.迁移解决新问题。将新知识结构化,就能迁移到学生的实际生活中,使学生顺利解决新问题,最终使学生达成深度学习。

(三)范式应用

【范例1】

酸碱盐概念复习课"是真的吗?——菠菜和豆腐不能一同烧着吃"①

Ⅰ.聚焦挑战性问题

教师通过视频展示网传的争议型问题:豆腐和菠菜不能一同烧着吃?理由是豆腐中有钙离子,菠菜中有草酸,二者会发生化学反应生成草酸钙沉淀,吃了会引发人患结石症。

提问:是真的吗?你们的猜测可能是什么?

[设计意图:现在网传关于"菠菜与豆腐不能一同烧着吃"的说法很多,这个争议型问题能调动学生强烈的探究欲望,问题解决与学生学习的酸、碱、盐性质知识紧密关联。同时,运用中央电视台热门节目"是真的吗?"质疑形式,也深受学生欢迎。]

Ⅱ.激活已有旧知识

问题1:通过网络查阅:菠菜和豆腐的主要成分是什么?

问题2:草酸($H_2C_2O_4$)具有酸的通性吗?它也是一种酸吗?

任务一:设计简易实验,检验菠菜中含有酸。

Ⅲ.加工展示新知识

问题3:你能用实验的方法,证明草酸能与钙离子反应吗?

问题4:将豆腐与菠菜一起烹饪,会发生化学反应生成草酸钙沉淀吗?

Ⅳ.尝试应用新知识

问题5:人体消化道中各器官中的pH值如何?草酸钙进入消化道会被胃酸(pH=2)溶解吗?

任务二:检验草酸钙在pH=2的盐酸中的溶解性,并查阅人体一天摄入草酸的安全量。

---

① 陈锋.指向深度学习的科学教学范式创新研究[J].上海教育科研,2019(10).

V. 迁移解决新问题

问题6:如果我想吃到鲜美可口、营养丰富的菠菜豆腐汤,请从草酸的性质分析,怎样制作才是可行的?（资料:草酸在100℃开始升华,125℃时迅速升华,157℃时大量升华并开始分解。）

问题7:迁移解决生活中新问题:如果要食用竹笋等草酸含量较高的食物,你认为怎样加工才能减少危害人体健康的风险?

（四）范式应用策略

1. 要利用真实情境设计出驱动学生高阶思维的好问题

正如梅里尔教授发现的,讲解和提问式教学无法使学习者掌握问题解决的能力。要培养学生的问题解决能力,必须设计出适合学生解决的驱动性问题,这个问题应有三个层次的特征:一是复杂（真实生活中的）,就是应当具有挑战性,且随着年龄阶段的增加,逐步提升;二是要包含了大量的知识和技能,这样可以通过对中心问题的拆分,获得细化的知识和技能;三是综合和扩展,就是这个中心问题能够具有继续探讨和延伸的价值,有可以挖掘的潜质,如概念型问题和争议型问题就是很好的驱动性问题。

2. 要善于利用学生认知规律设计一系列问题串

"问题解决式"课堂样态是以问题为中心进行的教与学,概念等核心知识构建过程中,教师要以问题内在联系和知识前后衔接为链条有机构成问题串,问题串是教与学过程的主线。在问题串中融入知识、技能、素养、价值,由浅入深、由易到难、由小到大地推出或展现,随着问题的解决步步深入,实现深度学习。

【案例3】"机械能"概念复习课的问题

教师提供了多种真实情境,每种情境都可导出多个问题。

情境1:某同学和家人跟团坐大巴出去旅游,在高速公路上,大巴车突然刹车失灵,所有人都陷入了恐慌。针对这个情境提出四个问题:大巴车在高速行驶中具有什么能?若与前车碰撞后会有怎样的后果?交警依据什么来判断事故前的车速?大巴车从运动到静止,能量发生了什么样的转化?

情境2:教师展示高速公路上的一些限速标志,让学生讨论四个问题:为什么高速公路上的标志牌要设最高限速和最低限速？为什么要设车距辅助牌？为什么在同样的道路上,不同车型的限速不一样？

情境3:观看刹车系统的视频后,让学生讨论三个问题:刹车系统的原理是什么？刹车距离和刹车系统中哪些结构有关？能否让卡钳将刹车盘锁死？请对刹车系统提出设计建议。

3. 要利用引导性问题促进对概念的深度理解

UbD 理论注重在单元整体设计教学时运用"引导性问题"帮助学生从解释、释义、应用、洞察、移情和自知六个维度达到深入持久的理解。使学生从实例中通过顺应与同化抽象概括出具有本质属性的概念,进一步在新颖、变式的情境中巩固概念和深度理解概念,使学生经历概念的发生、发展、运用、理解、深化的教学过程,感受概念形成的自然性与合理性,旨在培养学生深度思维、自主建构的能力。

【案例4】"功"概念的学习

教师利用理解的六个维度来设计一系列有关"功"的引导性问题:

理解的维度	引导性问题
解释	1. 什么是做功？
释义	2. 做功需要哪些条件？
应用	3. 你能举出真实情境中做功或不做功的实例吗？
洞察	4. 请归纳出不做功情况有哪些？
移情	5. 你日常的哪些活动中做了功？你所见到的哪些活动中做了功？
自知	6. 做功到底与"做工""工作"有什么区别？

二、聚焦科学史问题的"问题解决式"课堂样态范式

(一) 范式内涵

本范式主要汲取 UbD 理论、HPS 理论和 ARCS 动机设计模型等精髓,我们开发了聚焦科学史问题的"问题解决式"课堂样态范式,如90页图4-2所示。

教师需要聚焦概念发生发展阶段中的疑难问题,引导学生像科学家那样思考问题,从概念形成历史的坐标系中梳理出与此概念关键属性紧密相关的科学史料,并开发成学习课程,通过基于真实情境的问题提出引起学生注意,根据历史上科学家的经典实验设计序列化的引导性问题,通过逻辑推理引导学生在解决问题串中实验并建构概念理想模型,并获得自信和满足感,最终让学生在解决真实生活问题的基础上巩固、迁移概念,同时体会到科学家高价思维之魅力。

(二)范式解读

爱因斯坦曾指出:"科学结论几乎以完美的形式出现在读者面前,读者体验不到探索和发现的喜悦,感觉不到思想形成的生动过程,也很难达到清楚地理解全部情况。"

学生个体的概念形成是个体借助于语言,从成人那里继承和学会包含于概念中的知识和经验的过程。而科学概念的形成经历曲折的假设、探究等过程,将学生个体的概念形成过程基于科学史中人们对科学概念的认识过程中,可以帮助学生不停留在现成结论的知识片段中,而是进一步认识科学的整体性,使对科学概念的逻辑结构及其进程有全面的了解。为此,教师要聚焦概念发展过程,从概念形成历史的坐标系中梳理出与此概念关键属性紧密相关的科学史料,整合成学习课程,开展学科实践。UbD理论的重要特点之一就是把引导性问题作为构建课程的框架,整个教学活动的安排都是以此为中心的。引导性问题还可以把孤立、分散的教学活动联系起来,有利于把学生引向深层次的理解。

Ⅰ.基于真实情境的问题提出。英国科学哲学家波普尔认为,引导科学家进行探索性研究活动的真正起点,是科学问题而不是观察或理论。基于此,教师要设计能使学生感兴趣的、具有挑战性的真实问题,引起学生的注意,在基于真实情境的问题引导下启动学习。

Ⅱ.基于历史实验的逻辑推理。许多科学概念是科学家在无数实验的基础上,经过逻辑推理、科学抽象或归纳概括而得出的。教师要透视科学家的经典实验,设计出一系列引导性问题,让他们积极地参与到探究、发现等学习活动中来,进而深入理解重要的内容和观点;当然,教学中也可以尽可能创造条件,把科学家做过的实验引入课堂,让学生亲临其境去体验和感受科学家探究的过程,包括提出问题、作出假设、设计实验验证假设、对资料进行分析、推理并得出结论等,养成科学的态度,获得逻辑思维方法教育。

Ⅲ.基于理想模型的概念建构。科学领域中的一些科学概念比较抽象,学生很难真正理解,建立模型是一种重要的思维方法和教学策略,它可以在学生原有认知与认知对象之间搭建一座桥梁。对于这些概念的建构,可以借助一些实验、推理等,将抽象的概念转变为形象的模型,运用形象的模型反映事物的本质,帮助学生克服认识上的困难,进而在学生大脑中建构起正确的科学概念,并获得自信。

Ⅳ.基于解决问题的概念迁移。学生分析一些科学史中的经典实验后,通过逻辑推理、分析比较、归纳概括等方法获取概念,充分运用批判性思维等高阶思维,把新概念纳入到自己的认知结构中,然后让学生在解决真实生活问题的基础上巩固、迁移概念,从而获得满足感。

(三)范式应用

【范例2】

"光合作用"概念的教学①

Ⅰ.基于真实情境的问题提出

真实情境:教师利用多媒体播放一段录像《阳光下的魔术——植物的光合作用》。

提出问题:"民以食为天",动物需要以食物来维持生命,一棵小树长成参天大树,其质量增加几百至几千倍,它的食物是什么呢?

[设计意图:问题解决应建立在学生已有的探究能力和认知基础上。这里的提问和录像,意在激活学生的原有知识,使学生关注感兴趣的、具有挑战性的真实问题,即引导学生进行探索性研究活动的真正起点——科学问题]

Ⅱ.基于历史实验的逻辑推理

教师课前梳理了光合作用发现史上科学家的经典实验,根据课标和初中

---

① 陈锋,杨丽娟.基于 HPS 理论的概念教学范式研究—以科学史建构科学概念的视角[J].教育参考,2017(4).

学生水平制作了"光合作用电子书包",使学生围绕一系列递进的引导性问题进行合作探究学习(部分探究内容见表1),并将探究结果和逻辑推理结果填入表2。

表1 问题引导下的实验探究

经典实验	引导性问题（部分）	光合作用知识的建构	实验设计能力的形成	
			用例—规法得出规则	对规则进行变式练习
海尔蒙特实验（1629年）	为什么要用雨水浇柳树？	植物需要水	控制实验条件	
普利斯特利等实验（1771年）	实验中的老鼠和蜡烛有什么作用？	植物吸收 CO_2，放出 O_2	设置对照组、显性化实验现象等	控制实验条件
萨克斯实验（1864年）	实验中控制的单一变量是什么？	植物在光下制造出淀粉	控制单一变量等	控制实验条件、设置对照组等
恩吉尔曼实验（1880年）	为什么要选择水绵做实验材料？	植物在叶绿体中释放出氧气	恰当地选择实验材料	控制单一变量、设置对照组等

表2 基于实验现象的逻辑推理

科学家的实验	实验结论	尚未解决的问题
海尔蒙特实验		
普利斯特利等实验		
萨克斯实验		
恩吉尔曼实验		

[设计意图:初中学生有强烈的好奇心和求知欲,但他们往往只满足于新奇的现象,所以要根据教学内容有计划地设计和展示序列化、分层次的学习目

标——引导性问题,为学生探究学习提供"支架",引导他们定向探究,持久地进行思维活动。学生在序列化问题的引导下探究分析经典实验,从而"发现"光合作用的原料、产物、场所、条件等知识,这是主动积极、产生式的建构过程,有利于使知识转化为个体内在的认知结构,促进学生对知识的理解和提取;通过系列经典实验的展示和分析,让学生感悟到科学是发展变化的探究过程,而不是绝对的真理。]

Ⅲ. 基于理想模型的概念建构

引导性问题:几代科学家历经200多年,才基本弄清植物光合作用的过程。(利用多媒体展示一植物整体图)你能归纳以上每个实验的结论,在图中用文字或符号表示出光合作用的原料、产物、条件、场所等吗?

[设计意图:学生获得知识的标志是大脑中储存和建立了很多准确而又彼此联系的信息网络。本教学环节把光合作用的场所、条件、产物、原料等分散的知识整合成一个整体并表示出它们的关系,还应用表象策略,把言语信息集合到学生熟悉的植物图片模型上,让学生通过双重编码形成模型,将新接收的信息与大脑中原有的信息紧密联系,建构成新的认知体系,促进知识的理解、记忆和提取。]

Ⅳ. 基于解决问题的概念迁移

真实问题:小明妈妈从水族馆买回来几棵水草,让小明放在水族箱内,说这样水中会有较多的氧气让鱼儿呼吸。爱动脑筋的小明想让这几株水草释放出更多的氧气。你能想办法让水草释放出更多的氧气吗?你可以设计实验来证明你的想法吗?(请你用图片或文字来表达自己的实验设计。)

[设计意图:学生掌握智慧技能的行为指标是看他们能否在实际情境中应用规则做事,而不是能否陈述规则。所以,需要引导学生将实验设计规则独立地应用于解决新问题,促使智慧技能达到自动化。这个探究活动要求学生进行综合、归纳、创造性的思维活动,这属于信息加工阶段,它有利于启动学生的大脑内化力、培养学生创造能力。在选题方面,充分考虑了教学任务的情境性和真实性。"怎样才能增强水草的光合作用"是生活中的实际问题,因而成为开展探究式教学的有效切入点。]

（四）范式应用策略

1. 展现科学史上概念的演变过程,有助于概念的深度学习

如果对科学概念持有一种非历史的眼光,以为科学概念与生俱来的正确、是万古不变的永恒真理,以为科学概念是从一些天才的头脑里蹦出来的,一旦问世就永驻神圣不可侵犯的地位。而从科学发展史上,我们看到的是真理与谬误相交织的过程,科学概念的演变就像是积木拼图游戏一样,先是在黑暗中摸索,继而渐渐地浮现出来。

【案例】通过"观察科学现象—建立理想模型—实验验证"逐步建构原子概念

在学习浙教版初中《科学》教科书八年级下册第二章"原子结构的模型"时,教师将科学史作为载体,介绍历史上原子结构模型的发展过程和典型实验,引导学生看图思考、分析实验证据(汤姆森发现电子,卢瑟福发现绝大多数 α 粒子穿过金箔后仍沿原来方向前进、但少数 α 粒子发生了较大的偏转、有极少数 α 粒子的偏转超过了 90°,有的甚至几乎达到 180°,等等)。教学思路如下图所示:

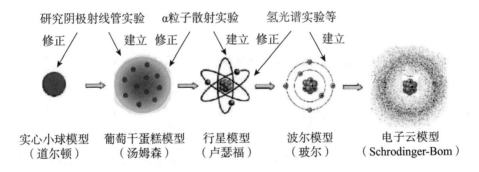

研究阴极射线管实验　　α粒子散射实验　　　氢光谱实验等

修正　　　建立　修正　　　建立　修正　　　建立

| 实心小球模型 | 葡萄干蛋糕模型 | 行星模型 | 波尔模型 | 电子云模型 |
| （道尔顿） | （汤姆森） | （卢瑟福） | （玻尔） | （Schrodinger-Bom） |

学生通过看图思考、分析实验证据、逻辑推理、修正模型、建构模型,不知不觉体验了由实验现象推理科学事实的思维过程,批判性思维和创造性思维等高阶思维贯穿其中,从而深度认识了解科学本质。

2. 开发基于科学史实的课程,可促进学生理解和掌握概念

科学中现有的概念都是前人科学研究的成果,对于学生来说,这些概念都是"空降"下来的,对于一些较抽象的科学概念,要理解它们非常不容易,但从它的来源看可能又是相当具体的。例如,将免疫的风波、疫苗的由来介绍给学生,不仅领略了伟大科学家巴斯德严谨的思维方法和工作方法,而且还有利于概念的理解。

【案例】教师介绍"狂犬病疫苗诞生"科学史实,帮助学生理解疫苗、免疫、抗原、抗体、人工免疫等概念

在学习浙教版教科书《科学》(九年级下册)第三章第三节"身体的防卫"时,教师呈现"狂犬病疫苗诞生"的科学史事实:1881 年,巴斯德把分离得到的病毒连续接种到家兔的脑中使之传代,然后再从患狂犬病死亡的兔子身上取出一小段脊髓,悬挂在一支无菌烧瓶中,使其干燥。如果将未干燥的脊髓研磨后将其和蒸馏水混合,注入健康的犬只体内,狗必死无疑;相反的,将干燥后的脊髓和蒸馏水混合注入狗的身上,却都神奇地活了下来,接种疫苗的狗,即使脑中被注入狂犬病毒,也都不会发病了! 在试验取得进展之后,巴斯德开始着手制备狂犬疫苗,他把狂犬病毒随兔脊髓一起取出,悬挂在干燥的、消毒过的小屋内,使之自然干燥 14 天减毒,然后把脊髓研成乳化剂,用生理盐水稀释,制成原始的巴斯德狂犬病疫苗。1885 年,一位几乎绝望的母亲带着被狂犬咬伤的 9 岁小男孩梅斯特,来哀求巴斯德救救她的孩子。巴斯德决定为梅斯特打下人类的第一针狂犬疫苗,这时距离约瑟芬被狗咬伤已经四五天了,结果孩子得救了,巴斯德成为世界上第一个能从狂犬病中挽救生命的人。

从科学史的角度来了解科学概念产生和演变的过程,把它们与特定的科学事件、科学家联系起来,充分体会科学家的思维过程,可促进学生理解和掌握概念,达成概念的深度学习。

3. 图文结合呈现科学经典实验并设计引导性问题,有助于揭示概念的形成过程

科学体系是历史形成的,对于科学知识体系的了解和掌握,也应放在历史的坐标中细看。例如,探究光合作用的过程从科学史的角度来考察更有直观和

具体的特点。开发科学史课程,使学生对科学的认识不只停留在作为现成结论的知识片段,而是进一步认识到科学发展的进阶性,使对科学概念建模的逻辑思维和创造性思维过程有全面了解。

【案例】"光合作用"概念的形成过程

经典实验	引导性问题(部分)	光合作用概念的建构过程
海尔蒙特实验 (1629 年)	为什么要用雨水浇柳树?	植物需要水
普利斯特利等实验 (1771 年)	实验中的老鼠和蜡烛有什么作用?	植物吸收 CO_2,放出 O_2
萨克斯实验 (1864 年)	实验中控制的单一变量是什么?	植物在光下制造出淀粉
恩吉尔曼实验 (1880 年)	为什么要选择水绵做实验材料?	植物在叶绿体中释放出氧气

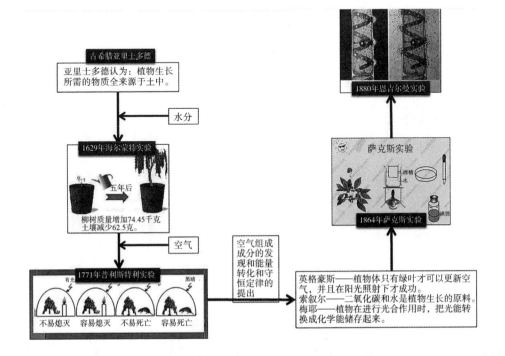

为什么要用图文结合呈现经典实验？初中生注意力不够集中,利用双重编码策略、通过多媒体把文字、图片结合的故事性的实验过程呈现出来,提高信息载体的新意、美感程度,唤起学生的心理注意。初中生处于形象思维向抽象思维过渡的阶段,并且抽象思维在一定程度上仍要以具体形象作支柱,图表有利于学生对所学内容的良好知觉,加快学生获取信息的速度,有效地支持学生的自主学习和协作式探索。另外,左脑主要进行抽象思维,右脑主要进行形象思维,左右脑的功能同时开发,相互补充,人的创造能力才能更好地形成并发挥出来。

为什么要设计引导性问题？初中生有强烈的好奇心和求知欲,但他们往往只满足于新奇的现象,所以要根据教学内容有计划地设计和展示序列化、分层次的学习目标,为探究学习提供"支架",引导学生定向探究,持久地进行思维活动。

如何设计引导性问题？要确保这些引导性问题富有趣味性,符合特定年龄学生的兴趣、爱好;要让每位学生都能理解这些引导性问题,认识它们的价值;为每个引导性问题设计探究性的活动,要求每位学生能够努力正确回答这些问题;通过运用实例、故事等使这些引导性问题与实际相联系,等等。

第五章 实践导向的"任务驱动式"课堂样态的理论与实践

在新课程的语境中,"学习任务"已经成为关键词。在新修订的课程方案和课程标准中,"学习任务"是新课程实施的重要载体和路径标志,其实质是素养导向的实践活动。学习任务的完成,可以体现学用结合、知行统一,达成深度学习与素养目标。

在核心素养时代,学习任务是培育和评估核心素养发展的重要手段,成为撬动课程教学变革的重要概念。学习任务一方面可以解决"训练"造成的知识零碎且脱离情境的问题,另一方面也可以避免"活动"导致的脱离学科的现象。也就是说,学习任务是素养导向的实践活动,立足于培育学生的核心素养,实质是真实情境下的知识运用。[①]

学习任务的实施,依靠任务驱动的教学。任务驱动的教学实施要义有:首先要以任务统摄整个学习,其次要为任务的实施留出一定的开放空间。学习任务的评价,首先应关注其是否真实,即学习任务应该处于一定的情境当中,并且这个情境需要内含一个真实的问题。[②]

我们研究的"任务驱动式"的课堂样态,它是"任务中心教学"(Merrill, 2008)的一种实践样态,是以真实任务驱动引发学生深度学习的学与教方式。它基于新奇的、真实问题情境产生挑战性问题,激发学生学习动机,产生驱动性任务,使学生自觉"动脑动手做",在完成蕴含概念本质的复杂任务中提升学习能力。任务驱动式学习,是强调以学生为中心的学科实践,是体现新课改重点的主要策略之一。

---

① 崔允漷,等.新课程关键词[M].北京:教育科学出版社,2023.
② 杜威.民主主义与教育[M].王承绪,译.北京:人民教育出版社,1990.

第一节 "任务驱动式"课堂样态实施的主要特征

综合梅里尔首要教学原理、安德森的有效教学模型及范梅里恩伯尔的综合学习设计模式等理论,教师实施"任务驱动式"课堂样态时,需要运用"基于真实情境确定学习任务""形成系列任务并排序""确定任务教学整体策略"等策略,把学生的学习放在复杂的、有意义的任务情境中,学生在教师逐减支架的辅导下,完成序列化的任务,整合原有的结构化知识构建新知,进而形成一套应用新知的方法。其和传统的"知识中心"相对立,摒弃了课堂围绕着知识点加以施教的弊端,以此帮助学生通过学科实践,更好地统整、深层理解与掌握所学的知识与技能,实现学习迁移。"任务驱动式"课堂样态具有任务性、真实性、应用性、循序性等基本特征。

一、任务性

真实学习的主要特点有:①学习要聚焦于学生感兴趣的真实任务;②学生参与探究;③学习经常是跨学科的;④学习与课堂之外的世界密切相连;⑤学生介入到真实的复杂任务中,运用高阶思维技能。教师以完成一个个具体的任务为线索,首先要把教学内容巧妙地设计隐含在单个的任务中,让学生以分组完成任务的方式领会学习的核心内容。在学生完成任务的同时培养学生的创新意识和创新能力以及自主学习的习惯,引导他们学会如何去发现,如何去思考,如何去寻找解决问题的方法,最终让学生自己提出问题,经过思考,自己解决问题。

二、真实性

建构主义认为,学习总是与一定的社会文化背景即"情境"相联系的,学习者要想完成对所学知识的意义建构,即达到对该知识所反映事物的性质、规律以及该事物与其他事物之间联系的深刻理解,最好的办法是让学习者到现实世界的真实环境中去感受、去体验(即通过获取直接经验来学习),而不是仅仅聆听别人(例如教师)关于这种经验的介绍和讲解。同时,根据奥苏贝尔的意义学习理论,学习的内容应当具有意义,学习者的学习效果会更好。学生在完成任务时,会产生任务完成后的预期。这个预期越大,任务完成得越主动,从中构建的知识越深刻。

因此,教学设计不仅要考虑教学目标分析,还要考虑有利于学生建构意义的情境的创设问题,并把情境创设看作是教学设计的最重要内容之一,教师可以针对真实的情境来设计教学活动,从而使教学更有意义。任务中心的教学设计,应当是从现实中来、到生活中去。科学知识在生活中被广泛运用,教师应从中捕捉与生活相联系的任务情境,以赋予知识更多的学习意义。例如,实际生活中发生的事件便是一种真实的情境,在"生物的适应性和多样性"一节中,我们以一个女大学生徐秀娟为救受伤的丹顶鹤而献身的真实事例谱写的歌曲——《丹顶鹤的故事》为背景来创设情境,并作为整节课的教学主线,以此真实感人事件震撼学生,引起情感上的共鸣,激发了学生学习欲望。

三、应用性

学习科学领域著名学者多诺万(Donovan)、布兰斯福德(Bransford)和佩莱格里诺(Pellegrino)将真实学习定义为这样一种教学方法:允许学生在涉及真实世界的、与学习者关联的问题和项目的情境脉络中进行探索、讨论和有意义地建构概念和关系。孤立的科学知识,只有置于一定的背景中或生活情境中,才能丰富和完善概念的内涵和外延。通过新知的展示论证,学生还需要对习得的知识作进一步的应用,才能够促进对知识的深层次理解,并突破性地完成任务。"任务中心"教学设计有效的知识应用时,将多样化地匹配相关的知识类型。

四、循序性

教师要教会学生运用脚手架技术。一开始学生只能完成任务的简单版本,随着知识与技能的熟练,学生能完成越来越复杂的任务版本。从易到难、由简单到复杂、变单一为多样的任务序列,体现了学习过程的增量。不同的任务,除了难度递增的趋势外,所包含的内容也在逐渐增加,而最终的任务一定是包含了所有成分的知识和技能。

【案例】抽象概念"力"的教学

教师设计了以下任务序列:

任务1:感受"力"(无处不在)

任务2:分析"力"(一个物体对另一个物体产生了力)

任务3:探究"力"(用"转换法"显示:力的作用效果)

任务4:理解"力"(用"归纳法"得出:力的作用是相互的)

任务5:应用"力"(应用力概念解释生活中的真实问题)

第二节 "任务驱动式"课堂样态的设计原则

一、任务挑战性原则

任务设置应适合、有趣和富有挑战性。美国儿童科学技术课程(STC)被国际科学家联盟列为全球最有代表性的探究性课程之一,其课程目标的第一个方面就是,使科学对所有学生都是适合的、有趣的和富有挑战性的。任务中心的教学设计理论之前提假设是"知识是系统的、有序的",在这一假设关照下,教学才能做到详略有度、新旧交融、讲练结合。在以任务为中心指导下的教学,教师无须将与任务环境无关的信息呈现给学生,任何教学内容、教学策略都是紧密服务于具体的任务的,这一认识对教学来说是至关重要的,因为它决定了教学内容的选取与策略安排。①

二、任务连贯性原则

课前、课中到课后的每一步任务设计应连贯紧密。赖格卢斯的精细加工理论认为,第一个任务应该以最简单的形式呈现,后续任务的复杂性则依次增加。这种任务设计恰恰是在为学生的知识建构搭脚手架,即在设计中建构主体性知

---

① 陈锋,基于以任务为中心的初中物理概念教学的高效设计[J],物理教学,2014,(7).

识,帮助逐步学会解决问题,逐渐学好学习。即,一开始学习者可能只能完成该任务的一个简单的版本,但是随着技能的熟练,学习者将能够完成越来越复杂的任务版本,从易到难,从简单到复杂,从单一到多样,体现出学习结果的逐渐增量。

【案例】抽象概念"生物群落"的教学任务设计

教师针对杭州学生熟悉的西湖和宝石山,聚焦设计了学生感兴趣的、具有挑战性的一系列真实任务,而且任务的复杂性依次增加:

任务一:利用"电子书包"阅读代表水域和陆地的两个景点:西湖和宝石山的图片及文字材料。在独立思考的基础上,小组合作回答一系列引导性问题。

任务二:尝试概括出群落的概念并辨析群落的实例。

任务三:观察生物分布模式图,比较西湖池塘生物群落和宝石山生物群落,得出不同之处,比较相同之处。

任务四:2016 年 G20 杭州峰会打造出了世界上最大的屋顶花园。如果你是园林设计师,请应用生物群落的相关知识,设计一个屋顶花园。

三、动机激发性原则

教学设计应不断地激发和维持学生学习动机。侧重于知识本位的传统课堂,过于关注教学内容对学生动机的影响,能为合理的认知内容排序,能对学习的保持具有较大的意义。任务中心的教学设计,学生关注任务的完成,往往这些任务,是需要持续且合作的。根据社会建构主义理论,以及 ARCS 动机设计模型,教师在教学中围绕学生的注意、针对性、自信和满意这四个方面来设计学习任务,就可以较好地激发学生在课堂教学中的学习动机。

【案例】抽象概念"大气压"的教学导入:改进实验,引起学生注意

教师:老师手上有一张纸片,它可是一张很神奇的纸片哦。因为它可以不受重力作用。

学生:啊,不可能吧。(学生都很怀疑,但又不敢大声说出来,只是瞪大了眼

睛期待地看着老师。)

教师:大家都不相信?那看好了。

教师用左手食指堵住针筒的一端,向内注满红墨水,盖上纸片。先用右手托住纸片,将针筒倒过来。放开右手,水没有流出。将针筒朝着各个方向旋转,水仍旧不会流出。

(学生都很惊讶,觉得和自己想象中的不一样。)

教师:前面我们学过,地面附近的物体都会受到重力的作用,而这张神奇的纸片不但自己没有受到重力作用,还把这么多水都托住了。是它有魔力吗?还是有别的原因呢?

学生:会不会是水吸住了纸片?

教师:水吸住了纸片,是不是这个原因呢?请大家看我现在把左手的食指松开,会出现什么现象。

(教师松开食指,水流出,纸片落下)

教师:手指松开水就流出,纸片也下落了。那么前面是不是水吸住了纸片?

(学生迅速兴奋起来,注意力高度集中。)

教师:那又是什么原因?其实啊,这是大气压的原因。大气压托住了纸片,松开手指后,上下相通,在重力的作用下水就流了出来。这节课我将和大家一起去认识无所不在的大气压。

本导入的设计意图:虽然我们周围处处存在大气压,但是在学习之前,学生可能并没有察觉大气压的存在。教师改用针筒代替烧杯来做传统的覆杯实验,效果更好,更能激起学生的好奇心和兴趣,是因为针筒上有小孔,放开手指水便流出,可以让学生看到纸片不下落,并不是因为纸片被水吸住的缘故。

四、设计聚焦性原则

理解的设计应聚焦于基本概念和结构。"逆向教学设计"是"UbD"理论的核心策略,"逆向教学设计"即先确定什么样的教学目标是达到理解的目标,然后再考虑用什么办法来证明学生确实掌握了学习目标实现了理解。要使得教学设计促进理解,就是要克服以往那种在教学中零散片断的内容和活动,聚焦于基本概念和基本结构,以少胜多,鼓励学生在重要的概念上花更多的时间深入持久透彻地理解,避免只是"覆盖"教材内容。

五、理解深度性原则

设计引导性问题应根据理解的六个维度。"UbD"理论认为,所谓理解,是指善于明智有效地在变式的、关键的、联系实际的和新颖的情境中运用知识技能。理解的六个维度包括解释、释义、应用、洞察、移情和自知,从认知与情感的角度勾画出成熟的理解,为了帮助学生掌握学科中基本的概念还需要提出"引导性问题",它是一种可以展开讨论,有充分理由来论证的问题。教师可以根据理解的六个维度,设计引导性问题及任务来组织教学内容和单元主题。

第三节 "任务驱动式"课堂样态的范式种类及比较

针对当前"一些教师自称任务教学,但是任务设计缺少驱动性"的现象,我们开发实践"任务驱动式学习"课堂新样态,其核心特征是要设计挑战性任务。

我们在研究中确认,好的任务对学生来讲,应是适合的、有趣的和具有挑战性的。任务真实性的判断标准主要有两点:一是情境的真实性,二是问题的真实性。[①] 好的真实任务的完成,需要学生运用小组合作的方式,通过交流展示成果,促进学生运用高阶思维技能,积极思维、主动合作,使深度学习真正发生。

我们汲取当代教学理论的要义,根据科学概念的特点,探索出以下两种"任务驱动式"课堂样态的范式。

一、"任务驱动式"课堂样态的两种范式

根据驱动的任务不同,我们把"任务驱动式"课堂样态范式分为聚焦挑战性任务的实践导向类范式 1 和聚焦概念转变任务的深度理解类范式 2。

---

① 崔允漷,等.新课程关键词[M].北京:教育科学出版社,2023.

（一）范式1：聚焦挑战性任务的"任务驱动式"课堂样态范式

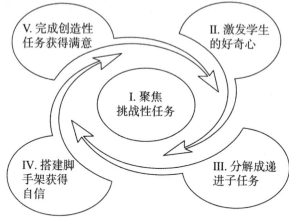

图5-1 聚焦挑战性任务的"任务驱动式"课堂样态范式

如图5-1所示。教师依据蕴含核心概念的真实情境和课标要求，引导出科学问题并设计成具有挑战性的真实复杂任务。随后，教师采用实验、视频等可视化的媒介，引起学生的注意，通过分解复杂任务引导学生自觉地投入新概念的学习实践。教师搭建脚手架，通过分析、评价等思维方式，让学生学会应用新概念解决日常生活中的实际问题，获得学习的自信。最后，迁移到新的情境中，通过实践利用概念解决新的问题，获得学习满意度的提高。

（二）范式2：聚焦概念转变任务的"任务驱动式"课堂样态范式

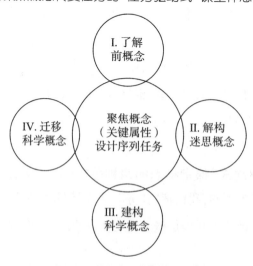

图5-2 聚焦概念转变任务的"任务驱动式"课堂样态范式

如图 5－2 所示。教师要聚焦概念(关键属性或内涵外延)设计序列任务。通过探测认知结构,激活旧知,充分了解前概念;通过引发认知冲突,展示新知,解构迷思概念;通过解决认知冲突,充分利用批判性和创造性思维等高阶思维建构科学概念模型;通过科学概念模型解决真实问题,在此基础上迁移科学概念解决现实世界中的新问题,达到深度理解。

二、"任务驱动式"课堂样态的两种范式比较

两种范式的共同点是:都要聚焦蕴含核心(重要)概念的任务完成,通过一系列学习实践建构概念模型,并通过应用概念达成理解,并能迁移完成创造性任务。

两种范式的区别是:应用范式 1 要通过学习实践完成学生现实生活情境中的真实问题解决,而应用范式 2 要针对学生错误的前概念,设计序列任务去解构,通过设计实践任务去建构科学概念,最终实现迁移。

第四节 "任务驱动式"课堂样态的解读及实践

我们在大量的探索实践中,将教学理论与科学概念教学充分整合,提炼出指向"任务驱动式"课堂样态的四大基本特征、五个设计原则及两个新范式。以下从四方面全面诠释每个课堂样态。

一、聚焦挑战性任务的"任务驱动式"课堂样态范式

(一)范式内涵

主要汲取首要教学原理、"ARCS"动机设计模型等理论的精髓,开发了以下聚焦挑战性任务的"任务驱动式"范式,如 110 页图 5－1 所示。

(二)范式解读

Ⅰ.聚焦挑战性任务。设置真实性和批判性的问题情境,学生的学习积极性被充分激发,自觉介入到挑战性的复杂任务中,探索运用高阶思维技能去完成任务,从而驱动复杂任务的完成。

Ⅱ.激发学生的好奇心。动机设计模型第一个要素就是要激发和维持学生的注意力,教师在教学中要通过利用新异的、惊奇的、不合理的、不确定的问题来激发学生的注意力,通过丰富多彩的任务来维持学生的兴趣。

Ⅲ.分解成递进子任务。赖格卢斯的精细加工理论认为,第一个任务应该以最简单的形式呈现,后续任务的复杂性则依次增加。即在设计中建构主体性知识,帮助逐步学会解决问题或完成任务

Ⅳ.搭建脚手架获得自信。真实学习理论认为,在真实的学习情境中,学习者要解决的是结构不良的复杂问题,需要为其提供"脚手架"。教师需要洞察学生的困难,搭建针对性的"脚手架",保证每个学生都有成功的体验。

Ⅴ.完成创造性任务获得满意。动机设计模型强调,要提供在真实情境中运用新获得的知识技能的机会。将概念应用于多个情境中,让学生在完成复杂或创造性任务实践中,获得满意度的持续提高。

（三）范式应用

【范例】

真实任务:"测定空气中氧气含量的实验改进"的教学设计①

设计说明:许多版本初中《科学》《化学》教材"空气的成分"一节中都有一个重要活动,即测定空气中氧气含量的实验。由于该实验装置,如左图所示,很简易,故测定结果与实际相差很大,一些教师为忠于教材,常常"掩耳盗铃"般地说可测出空气中氧气占21%体积含量。正如罗星凯教授所担忧的:不少理科教师让实验"迁就"理论结论,这样,不犯科学知识性错误,却犯了另一类更严重的科学性错误——科学

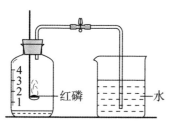

图1 测定空气中氧气含量的实验装置

精神的遗失甚至歪曲。

① 陈锋.指向深度学习的科学教学范式创新研究[J].上海教育科研,2019(10).

Ⅰ. 聚焦挑战性任务

教师:法国科学家拉瓦锡测出氧气占空气总体积的五分之一,而我们分组实验结果是吸入的水的体积都小于集气瓶剩余容积的五分之一。为什么会出现这样的现象?

导出真实复杂任务:各小组仔细分析原因,考虑如何对该套装置进行改进。

Ⅱ. 激发学生的好奇心

小组讨论出可能的原因:装置的气密性不好;红磷太少;导管中残留有部分水;燃烧匙伸入集气瓶太慢,瓶内气体受热膨胀逸出;实验开始时,止水夹没有夹紧,气体受热逸出;未冷却到室温就打开止水夹。

教师追问:如何检查装置的气密性? 为什么选择红磷? 能用碳、硫代替吗? 一定要用水吗? 点燃方式可以改变一下吗?

Ⅲ. 分解成递进子任务

任务1:教师设计一套改进装置,如右图所示,来解决这些问题,与课本实验相比,有哪些好处? 请大家分析。

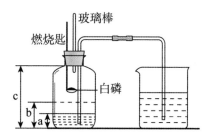

图2 测定空气中氧气含量实验的改进装置

任务2:教师展示各小组改进装置,让各小组相互分析、评价。

任务3:通过小组互评,各小组分析其他组的建议,修改实验装置图。

学生思维被激活,小组批判性改进的兴趣被激发。

Ⅳ. 搭建脚手架,获得自信

教师引入科学家拉瓦锡在1772年测定空气成分的经典实验,启发学生创新。

任务4:阅读科学史,分析、评价拉瓦锡的经典实验装置的优缺点,说说本组装置还可以改进的地方。

Ⅴ. 完成创造性任务,获得满意

任务5:你能设计出一套更完美的装置测量氧气体积分数吗? 小组合作设

计,可以选用你所需要的任何药品或仪器。

(四)范式应用策略

1. 要给学生提供适合的"脚手架"和针对性的指导

该策略可以解决梅里尔教授梳理的困扰教学的常见问题:多数教学中只是采用了讲解方式,而缺乏足够的示证。缺乏指导不仅会导致学习效率低下,而且很可能阻碍学习。为了更好地激活学生旧知,梅里尔教授提出了"图式激活"和"动态图式结构"等促进学生组织新内容的方法。

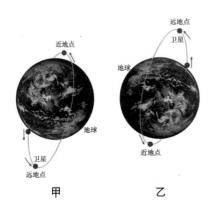

甲　　　乙

【案例6】"机械能"复习课:在新课讲解卫星能量变化时,教师放一张卫星绕地球的图片如左图甲,根据经验,教师会讲解如何判断"离地面的高度",但是图甲中远地点的高度理解起来费劲。动能与重力势能之间的转化,学生在图式上仍停留在竖直上抛的模型。在上复习课的时候,教师可以先用图式激活,再用动态图式结构转化表征方法。把甲图倒过来变成乙,这时,学生用竖直上抛的模型,也能理解从近地点运动到远地点时,卫星离开地面的高度变大,从而重力势能增加。

2. 要将学习置于真实的、联系生活的任务序列之中

当前不少教学理论都主张教学聚焦一系列的真实任务,作为衡量教学成效的一条重要标准。

【案例7】抽象概念"蒸腾作用"的一系列由浅入深的真实任务序列

(1)课前任务:生活中的一些自然现象,如清晨叶片上的露水和霜是如何出现的呢?

(2)课中任务:四个序列化的任务。

任务1:植物的根吸收的水分到哪里去了?

任务2:为植物模拟设计一套装置,探究蒸腾作用的环境影响因素。选取其中一种因素,要求画出实验示意图,并配以文字说明。

任务3:展示植株图片如右图所示,请学生标注出植物吸收、运输、利用水和无机盐的路径。

任务4:应用所学,解决生活问题:①为什么说大树底下好乘凉?②为什么最好在阴天或傍晚移栽植物?移栽后的菜苗和花草为什么要遮阳?③为什么有的植物到了秋天会落叶?

[设计意图:任务1引出蒸腾作用概念,任务2探究蒸腾作用过程,任务3建构蒸腾作用概念模型,任务4应用蒸腾作用概念于真实生活中的具体实例,任务的复杂性则依次增加,最终使概念得到巩固和迁移。]

3. 要精心设计课外任务引导学生合作探究

学生课内掌握了基本的知识技能之后,课外都将在几乎没有任何指导的情况下独立完成作业,教师可以设计蕴含生活实际问题的作业,让学生首先独立解决,然后通过小组合作继续探究,实现深度学习。

【案例8】"杠杆"概念的结课

教师在巩固杠杆概念模型后,布置两项课外作业:

任务1:在家用各种"开瓶器"去尝试开啤酒瓶、汽水瓶或葡萄酒瓶,画出简图,总结它们的相同点。

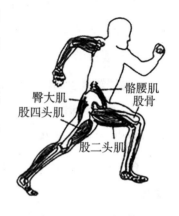

*任务2:除上述三个部位之外,在人体中还有多处杠杆。请看图,就某些简单动作(如奔跑、弯腰、仰卧起坐)进行分析,它们是怎样发挥作用的?并请同学们相互讨论:怎样才能更好地使用人体中的杠杆?

[设计意图:学生在完成任务 1 时,发现家用开瓶器各种各样,但通过画杠杆分析图,不知不觉应用了"双重编码"策略,进一步体会到生活中杠杆的多样性,但都具备杠杆五要素,巩固并迁移应用了"杠杆"的概念和模型。任务 2 较难,需要学生合作学习,远迁移运用"杠杆"的概念和模型,才能更好发挥人体杠杆的功能,从而达成深度学习。]

二、聚焦概念转变任务"任务驱动式"课堂样态范式

(一)范式内涵

主要汲取概念转变理论、首要教学原理、真实性学习及变易理论的精髓,开发了以下聚焦概念转变转变任务的"任务驱动式"课堂样态范式,如 110 页图 5-2 所示。

运用本范式,教师要聚焦概念(关键属性或内涵外延)设计序列任务。通过探测认知结构,激活旧知,充分了解前概念;通过引发认知冲突,展示新知,解构迷思概念;通过解决认知冲突,充分利用批判性和创造性思维等高阶思维建构科学概念模型;最后,通过科学概念模型解决真实问题,并在此基础上迁移科学概念解决现实世界中的新问题,达到深度理解。

(二)范式解读

教师要聚焦概念,针对其关键属性设计序列任务,即给学习者的任务需要符合学习者的认知发展规律,如先易后难等,形成一个完整的任务序列,引导学生经历首要教学原理的激活旧知、示证新知、应用新知、融会贯通等四个学习阶段,完善理解概念的内涵和外延,促进概念的转化迁移。

Ⅰ.了解前概念。教师可选择适当的概念评测工具(二段式测验、访谈法、概念图法和关系图法等)了解学生关于所学概念的朴素见解,充分探测出学生的认知结构,以便激活旧知,找准概念的关键转化点,设计针对性的任务课程。

Ⅱ.解构迷思概念。通过实验或生活实例,引导学生认识到其前概念与科

学概念之间的矛盾,引发认知冲突,使学生产生对前概念的不满,从而为教师展示新知奠定基础。

Ⅲ.建构科学概念。教师通过设计实验或让学生参与实验等方法,使新经验对已有经验加以改造,又通过类比和模型等科学方法的应用,证明科学概念的可理解性和合理性,顺利解决认知冲突,并通过概念间的内在联系,重构科学概念。

Ⅳ.迁移科学概念。通过应用新概念模型,体验到新概念的有效性,顺利达成波斯纳等的概念转变的四个条件,并通过让学生反思、讨论真实问题以巩固科学概念,从而促进科学概念迁移以解决现实世界的新问题。

(三)范式应用

【范例】

"分子"概念的教学设计①

Ⅰ.了解前概念:通过探测认知结构,激活旧知

任务1:通过讨论,画出头脑中的"分子世界"。

{设计意图:通过让学生画出猜想的分子世界,激活学生头脑中的旧知,暴露出分子已成为学生的迷思概念。引导学生产生多个猜想:猜想问题一:分子可能很小?猜想问题二:分子之间可能有空隙?猜想问题三:分子可能是运动的?}

Ⅱ.解构迷思概念:通过引发认知冲突,展示新知

(一)解决学生猜想问题一:分子可能很小

任务2:深度观察蔗糖。

{设计意图:通过实验层层递进地深度观察蔗糖,让学生逐步找到分子概念的一些关键属性,为完善概念的关键属性做好铺垫。而且,通过实验可以让学生有直观地体验,为他们最终建立完整的分子概念奠定扎实的感性基础。}

---

① 陈锋.初中科学概念教学范式的创新研究[M].上海:上海教育出版社,2017(9).

任务3:观看"水分子"视频。

任务4:根据科学事实,归纳分子的主要特征之一。

{设计意图:通过视频和科学事实了解分子的主要特征,知道分子只是构成物质的一种极其微小的微粒,此外还有其他构成物质的微粒。}

(二)解决学生猜想问题二:分子之间可能有空隙

任务5:学生动手做黄豆和芝麻混合的模拟实验。

任务6:借鉴以上实验,设计水和酒精的混合实验以验证猜想。

任务7:结合水分子和酒精分子的科学数据,讨论建立以上混合实验的解释模型。

任务8:学生设计实验说明"不同状态分子间的间隙不同"。

{设计意图:通过实验知道分子间存在间隙,并审辩出:物质的状态不同,其分子间的间隙不同。}

(三)解决学生猜想问题三:分子可能是运动的

任务9:老师在教室的讲台附近喷香水,所有学生闭眼,闻到香水味即举手。小组讨论并列举出生活中其他类似的例子。

播放视频:空气和二氧化氮混合实验

{设计意图:引导学生在体验和实验的基础上理解:"扩散"是广泛存在的。}

任务10:设计实验说明"液体能扩散,且与温度有关"。

{设计意图:通过气体和液体扩散实验及固体扩散实例,说明:分子在永不停息地做无规则运动。}

Ⅲ.通过解决认知冲突,建构科学概念

任务10:对分子特征进行归纳总结。

{设计意图:运用双重编码策略对分子概念的进行加工,起到"纲要信号"作用,从而促进建构科学的分子概念,同时也为下一节课分子运动论的其他观点学习留下伏笔。}

任务11:根据今天分子概念的学习,讨论并修正刚才画的"分子世界"

{设计意图:通过学生运用新学习的分子科学概念,修正自己的前概念的认知图式,可建构起正确的科学概念图式,从而促进概念的巩固。}

Ⅳ.迁移科学概念:通过应用新知解决现实世界问题

任务12:运用分子的观点解释几个生活现象

{设计意图:通过让学生反思、讨论和应用分子科学概念解决现实世界的新问题,促进分子科学概念的迁移。}

(四)范式应用策略

1. 教师可以从学生的学习经历中找到转化一些迷思概念的关键

蔡铁权等学者通过研究认为,迷思概念产生的主要原因之一是教师与教科书因素。所以,教师要从学生的学习经历中找到迷思概念产生的缘由,从而找到转化该迷失概念的关键。

【案例】由于小学《科学》教科书的问题,"摩擦力"已成为初中科学的迷失概念。

现行教科版小学《科学》教科书五上第4单元"运动与摩擦力"中,通过活动得出两个结论:一是物体间接触面光滑,摩擦力小;物体间接触面粗糙,摩擦力大。二是物体重,运动时的摩擦力大;物体轻,运动时的摩擦力小。这就要求初中科学教师要将小学"运动的物体"转化为"相对运动的物体",使概念更具科学性,将小学"摩擦力大小与接触面状况、物体重量的关系"转化为"摩擦力大小与接触面粗糙程度、压力大小的关系",即找到转化"摩擦力"迷失概念的关键是要通过实验设计,突出摩擦力的共同特点(相互接触的物体,做相对运动或有相对运动的趋势时,产生的阻碍相对运动的力)及与压力的关系。

2. 鼓励学生预测实验结果有助于转变概念

当代国际顶尖教育心理学家理查德·E.梅耶在《应用心理学》中强调,在科学学科学习时,让学生预测实验结果,学习可能促使概念发生转变(学习者发现自己现有的概念与观察到事物相矛盾)。

【案例】实验预测与结果不一致时,激发认知冲突,会促进深度学习

教师点燃烧杯中两支高低不等的蜡烛,在往烧杯内倒入一瓶二氧化碳前,请学生预测实验结果。

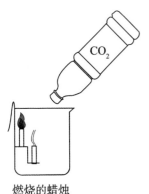

燃烧的蜡烛

学生预测:下层的蜡烛比上层蜡烛先熄灭,因为二氧化碳能灭火而且密度比空气大。

教师打开瓶塞,迅速将瓶中二氧化碳全部倾倒入烧杯内,结果学生看到上层的蜡烛比下层蜡烛先熄灭。

学生惊讶且兴趣大增,纷纷讨论为什么——难道二氧化碳的密度比空气小?

最后,通过寻找实验"失败"原因,深刻理解二氧化碳密度只是比空气略大,并主动提出了实验成功操作的注意事项。

3. 引导学生反思概念转变思维过程有助于概念转变

科学概念的形成离不开思维。教师引导学生反思的不仅是学习内容,更应是概念转变的过程。即反思自己的思维重构过程。长此以往,有助于学生抽象思维的提高,帮助学生掌握建立和转变概念的思维方法,从而提高学生的学习能力。

【案例】反思定义概念"密度"的学习路径

浙教版七上"密度"概念教学之前,教师经过访谈,发现学生的理解之一是"看起来大的物体比小的物体质量要大"。于是教师设计实验,不断变更所提供材料或事例的呈现形式,先后得出:"质量大小不仅仅与物体的体积有关""物质

可能隐藏着一个特性""不同种物质,它们的质量与体积比值不相等是物质的一种特性"等几个结论。下图呈现了教学思路,也是教师引领学生反思密度概念转变的思维过程。

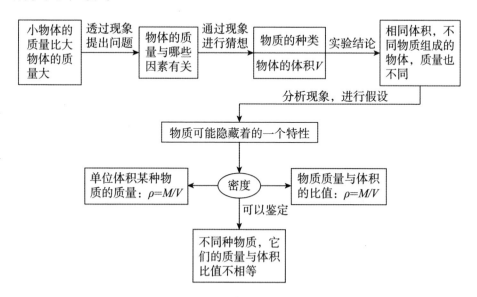

第六章 优化课程的"项目学习式"
课堂样态的理论与实践

《义务教育课程方案(2022 年版)》在第五部分"课程实施"的"深化教学改革"中明确提出,"积极开展主题化、项目式学习等综合性教学活动,促进学生举一反三、融会贯通,加强知识间的内在联系,促进知识结构化"。这里提及的"项目式学习",英文名称是 Project-Based Learning(简称 PBL),又称项目学习、项目化学习,是当前国际上普遍采用的学习样态。为了行文统一,本书统称为"项目学习"。

我们研究的"项目学习式"课堂样态,是用核心概念聚集更多的知识整合成项目,以完成项目引发学生深度学习的学与教方式。它基于新奇的、可实现的真实问题情境,整合多种技能、设计思维并拓展学科边界,形成工程性项目,激发学生团队协作"动脑动手设计",培养学生能在不同情境中创造性地解决问题或完成任务的能力(素养)。

第一节 学科"项目学习式"课堂样态实施的主要特征

基于项目的学习指的是基于真实情境的有意义项目,通过小组合作,借助多种资源设计、制作作品并将作品呈现出来的一种实践学习。我们研究的是学科项目学习,项目应产生于学科中的核心概念,这种类型的项目主要用来促进学生对所学重要概念的深度理解。学科项目学习的挑战对学生和教师来说适应性比较强,它能提高学生积极建构学习、合作解决问题、指向特定的学习结果、关注质量标准的能力。"项目学习式"课堂样态具有问题性、实证性、合作性等基本特征。

一、实践性

项目学习是问题驱动的、学生自导的研究性学习,需要面向真实情境,学以致用地解决问题,倡导动手实践,关注直接经验"做中学"。项目学习要锻炼和培育的是学生在复杂情境中灵活的心智转换,是一种包含知识、行动和态度的"学习实践",而不是按部就班完成探究的流程。学生对问题的探究与解决,都需要在项目学习的过程中转化为学生有意义的学习实践,凝练为素养。

二、协作性

项目学习在一开始就用具有挑战性的问题创造高阶思维的情境,激发学生学习动力,明确对学生提出带有问题解决、创造、系统推理分析等高阶认知策略的项目任务,让学生在由强大的驱动性问题所产生的内动力中创造一个真实的作品。为此,项目学习需要引导学生通过充分协作与实践,完成主题项目和解决遇到的难题。

三、创新性

项目学习是注重学科间联系与整合的跨学科学习,也是需要体现工程思想尤其设计思维的学习,将创意实现并表现出来,输出也是一种学习,故项目学习具有创新性。设计思维是以现实问题为出发点,学习者运用所学知识与技能,从"人的需求"出发,通过团队合作不断分析、比较、修正,创新性地解决问题或形成方案。从认知发展的角度看,设计思维螺旋上升的发展形式促进学生深度思考,促进学生批判性思维、创造性思维的发展。

第二节 学科"项目学习式"课堂样态的设计原则

一、项目聚焦性原则

学科项目学习聚焦与学科本质有关的核心概念,它把项目学习的设计要素融入学科教学,将低阶认知"包裹"入高阶认知,培育学生的问题解决、元认知、批判性思维、沟通与合作等重要能力。

二、项目整合性原则

学科项目学习需要整合学科与学科、学科与生活、学科与人际的联系,需要整合学科概念与真实生活世界、多种情境之间的联系,用项目的形式呈现出来,是国家课程校本化实施的可行道路之一。

三、全程评价性原则

项目学习需要持续性的多元评价驱动发生。活动过程中,需要采用批判、反思、整合、应用等方式对知识进行同化及深度加工,需要应用过程性评价和表现性评价等驱动深度学习的发生。例如,在学习"电荷与电流"时,某初中科学教师为避免重复小学科学内容,就设计了学科微项目"制作验电器",与学生共同讨论制定了验电器评价标准,如表6-1所示,不仅顺利导向学生主动完成验电器产品制作,深受学生欢迎,而且概念学习效果十分显著。

表6-1 验电器评价标准

评价维度	分值	自评
1. 实用性(灵敏度等)	2	
2. 经济性(省材料)	2	
3. 稳固性(不易损坏)	2	
4. 创意性(造型独特)	2	
5. 简便性(材料简单)	2	

第三节 学科"项目学习式"课堂样态的范式种类

《义务教育课程方案(2022年版)》首先在"前言"部分的"主要变化"中提到,关于课程标准的主要变化之一就是"优化了课程内容结构。以习近平新时代中国特色社会主义思想为统领,基于核心素养发展要求,遴选重要观念、主题内容和基础知识,设计课程内容,增强内容与育人目标的联系,优化内容组织形式。设立跨学科主题学习活动,加强学科间相互联系,带动课程综合化实施,强化实践性要求。"而后又在第四部分"课程标准编制与教材编写"中明确提出"加强课程内容的内在联系,突出课程内容结构化。探索主题、项目、任务等内容组织方式。"也就是说,项目是优化课程内容组织形式之一。

针对"大量教师习惯于讲解,不会通过设计项目来促进学习"的现象,我们开发优化课程的"项目学习式"课堂样态,其核心特征是"设计工程性项目"。

一、学科"项目学习式"课堂样态的两种范式

我们研究学科项目学习,根据项目优化课程内容的不同,把"项目学习式"课堂样态范式分为优化新知课程的项目学习范式1和优化复习课程的项目学习范式2。

(一) 范式1:优化新知课程的学科项目学习范式

如图6-1所示。优化新知课程的学科项目学习,须择取项目学习中的真实情境、驱动型任务、探究性实践、社会性实践等若干要素,助力学生理解课程标准要求的核心(重要)概念,培养理性思维、批判质疑和勇于探究的科学精神等,并以此为基础体验创见、实验等高阶认知策略,从而有效地养成相关的科学课程核心素养。以下是给予学生更多心智自由的基于真实情境的范式。

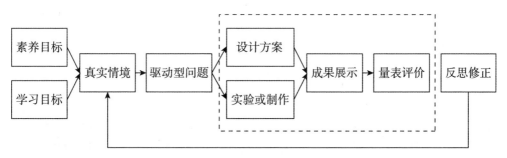

图6-1 优化新知课程的学科项目学习范式

(二) 优化复习课程的学科项目学习范式

如图6-2所示,对于科学学科核心概念的学习,教师要根据课标的要求,摆脱教材的局限,积极开发课程。教师聚焦概念性知识,用概念作为聚合器,不

断地聚焦更多的知识信息,整合成项目,引导学生在完成项目过程中达成深度学习。学科项目化学习的挑战在于建立学科的知识与真实的生活世界、多种情境之间的联系。其中,工程情境能将科学概念"放还"到应用它可以综合解决科学、技术、工程问题的情境中,在学生设计与动手制作过程中达成深度学习。

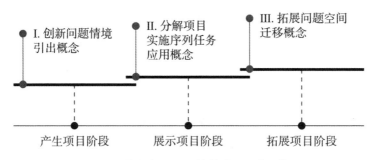

图 6 - 2 优化复习课程的学科项目学习范式

(三)学科"项目学习式"课堂样态的两种范式

两者的共同点是:都要聚焦蕴含核心(重要)概念的任务,通过一系列学习实践建构概念模型,并通过应用概念达成理解,并能迁移完成创造性任务。

两者的区别是:范式1应用于那些小学已讲授过、初中又要深化的概念课,教师可以根据新课改要求,以概念关键属性设计项目优化课程,通过实验、任务等学习实践达成深度理解;范式2应用于某一章节最后的复习课,通过设计蕴含核心概念的项目优化课程,通过系列学习任务达成对核心概念的深度理解及迁移。

第四节 学科"项目学习式"课堂样态的解读及实践

我们在大量的探索实践中,将教学理论与科学概念教学充分整合,提炼出学科"项目学习式"课堂样态的三大基本特征、三个设计原则及两个新范式。以下从四方面全面诠释每个课堂样态。

一、优化新知课程的学科项目学习范式

在新课程的语境中,项目学习是形成素养必需的学习方式,强调让学生在

基于核心知识创设的问题情境中完成活动任务,以高阶学习带动低阶学习。实现知识逻辑、活动逻辑与生活逻辑的有机统一。但是在初中阶段,需要多节课或延伸到课外的项目学习并不完全符合现今的真实校园情况。要使项目学习在学校里真实"发生",让尽可能多的学生心智自由地发展科学课程核心素养,围绕核心(重要)概念优化新知课程,开发1—2课时的微项目学习是更符合实际的做法。

(一)范式内涵

优化新知课程的学科项目学习,须择取项目学习中的真实情境、驱动型任务、探究性实践、社会性实践等若干要素,助力学生理解课程标准要求的核心(重要)概念,培养理性思维、批判质疑和勇于探究的科学精神等,并以此为基础体验创见、实验等高阶认知策略,从而有效地养成相关的科学课程核心素养。以下是给予学生更多心智自由的基于真实情境的范式,如125页图6-1所示。

(二)范式解读

Ⅰ.展示真实情境。根据课程标准要求确定素养目标,整合学生已有基础确定学习目标,展示蕴含目标的真实情境,情境创设上要遵循真实性、问题性和适切性原则。

Ⅱ.提出驱动问题。基于真实情境,提出能够组织、激发学生开展学习和探究,以实现目标及促进学生素养发展的、可操作且有意义的驱动型问题,启动项目学习。

Ⅲ.设计项目方案。根据目标引导学生共同讨论,设计出包含实验、制作等多种学习实践活动的行动方案,以经历蕴含高阶认知策略的、高质量的项目学习。

Ⅳ.开展项目实践。根据方案开展实验等探究性实践,倾听、讨论等社会性实践及设计、制作等技术性实践等多种实践,获得问题解决、决策等高阶认知策略的体验。

Ⅴ.展示评价成果。通过各小组展示作品,相互从效果、可行性、成本等多方面评价,经历审美性实践、社会性实践,进一步获得系统分析、创见等高阶认知策略的体验。

Ⅵ.反思修正项目。通过反思,经历根据评价调整、迭代升级设计方案等调控性实践,促使学生的批判性思维和创造性思维等高阶能力得以提升。

(三)范式应用

【范例】设计和制作"土冰箱"("汽化和蒸发"概念的学习)①

Ⅰ.展示真实情境

非洲穷小哥卖不用电的"土冰箱"逆袭成土豪。在非洲,很多地方还都是原始部落,没有自来水,也没有电。那么,在四季酷热的非洲,食物怎么保存呢?他们发明了一种"土冰箱",可以使放入其中的食物的温度下降十几摄氏度。

{设计意图:这个情境来源于真实生活,是现实世界成年人要面对并解决的问题,制作"土冰箱"时运用的原理是科学原理,提出的问题对学生是有意义的。真实问题、学生视角、学以致用,这样的情境可以与学生的认知经验建立起联系,从而激发学生的好奇心和探究兴趣,并有助于养成科学思维、探究实践等素养。}

Ⅱ.提出驱动问题

教师:你们能根据身边的常见材料,制作一个"土冰箱",并总结成"制作指南"分享给非洲中小学生吗?

Ⅲ.设计项目方案

教师分解驱动性问题,提出以下一系列问题及任务:

问题1:这支温度计在空气中的示数是15℃,给你烧杯、酒精、水和胶头滴管等器材,你能让温度计示数在最短的时间内尽量降低吗?请记录操作方法、时间及最低的温度。观察并比较多组实验结果,你可以得出什么结论?

问题2:给你一块湿布,你能用最短的时间让湿布变干吗?请记录操作方法、时间。观察并比较多组同学的实验结果,你可以得出什么结论?若要使实验结论更严谨,你的实验设计需要进行怎样修正?

问题3:以上两个实验中的酒精和水,由液态变成气态,这种物态变化叫什么?请用微观的分子运动论观点解释宏观的汽化现象,并用图示法呈现汽化现

---

① 赵萍,陈锋.指向学科核心素养的初中科学微项目化学习范式研究[J].物理教学探讨:2022(4).

象的实质。

｛设计意图:驱动性问题与课堂教学目标相匹配,具有科学性和真实性,能引发学生的高阶思维活动,激发学生开展实践性活动的兴趣。以上的问题链设计,考虑到了将复杂问题拆分成具有逻辑关系的多个问题,呈现的不是零散、独立的问题,这样的问题链为学生的思维搭建了良好的"脚手架",但又是非良构的问题,在给予学生较大的思维空间的前提下降低了思维难度,有助于学生循序渐进地再顺利解决问题。｝

Ⅳ. 开展项目实践

任务1:提供小陶罐、烧杯、剪刀、糖果、沙子、布、水、滴管、温度计、小布块等器材,请运用前面两个实验的结论制作降温效果好的"土冰箱",需要提供设计图,说明选材、各部分的结构和作用,说明制作"土冰箱"所依据的科学原理,呈现"土冰箱"模型。

Ⅴ. 展示评价成果

任务2:如果这是你们组的产品,请设计宣传单介绍、宣传你们的"土冰箱"。

任务3:请你制定评价量表,从成本、效果、可行性等方面来评价其他小组的"土冰箱",并说明评价的理由。

Ⅵ. 反思修正项目

任务4:请你尝试绘制今天所学知识的思维导图,根据对其他小组产品的体验以及评价,对你组的产品提出迭代升级方案。

任务5:讨论汲取各小组制作经验,课后总结成"土冰箱制作指南",分享给非洲中小学生。

(四) 范式应用策略

1. 以真实情境激发学生的学习动机与高阶思维

将解决真实情境中的问题作为撬动掌握知识和技能的杠杆,激发学生的高阶思维,助力养成科学课程核心素养,以帮助学生应对纷繁复杂的现实世界。下面列举现行浙教版初中《科学》物理领域重要概念教学中可以运用的一些真实情境,如表6-2所示。

表6-2 重要概念教学中可以运用的真实情境

内容章节	真实情境
七年级上册第四章第七节"升华和凝华"	用樟脑丸制作"雾凇"
七年级下册第二章第六节"透镜和视觉"	制作可调节的简易照相机
八年级上册第二章第三节"大气的压强"	制作能吸讲台上的粉笔灰的吸尘器
八年级上册第四章第一节"电荷与电流"	教室中的日光灯同亮同灭是怎样连接的
八年级上册第四章第二节"变阻器"	制作可调亮度的手电筒
八年级下册第一章第三节"电磁铁的应用"	设计制作水位报警装置
八年级下册第一章第四节"电动机"	设计、制作一个能赶苍蝇的电动装置
九年级上册第三章第四节"简单机械"	制作自动关门器

(五)以适切的驱动性问题(链)促进学生深度学习

设计驱动性问题时,需要充分考虑驱动性问题的针对性、适切性,否则微项目化学习难以开展。按照以下有认知序的问题链,帮助学生铺设解决问题的台阶,使学生在递进的问题引导下,顺利解决复杂问题。

【案例】欧姆定律的应用

教师先呈现情境:电压表可以直接测电压,电流表可以直接测电流。那么你能制作出一个可以直接测电阻的欧姆表吗?

直接提出让学生制作欧姆表,学生难有思路,他们的思维能力、知识储备都难以支持该问题。如果将其拆解成问题链:

(1)现在老师有电流表,你可以对它进行改装吗?

(2)你还需要什么器材?或者给出实验器材让学生挑选。

(3)你能设计一个可以测电阻的电路吗?检查分析你设计的电路的可行性。

(4)怎样在电表上标注刻度?

(5)改装后的欧姆表的刻度均匀吗?你能推导证明吗?

（六）以高阶认知策略和学习实践促进核心素养的养成

项目学习要锻炼和培育的是学生在复杂情境中灵活的心智转换,需要包含知识、行动和态度的"学习实践",而不是按部就班地完成探究的流程,它是一种动手动脑的学习实践,既有"做",又有"学",是在对知识的深度理解基础上的实践,同时也是在实践过程中探究知识的形成过程。

【案例】"光的反射和折射"教学

教师以"太阳光进入大气层的时候为什么会发生弯折"为真实情境,以"光在什么情况下会发生弯折""同种介质中会不会发生折射""怎样可以制作不均匀介质模拟大气层的大气不均匀的现象进行实验"等驱动性问题来驱动学生思考,学生尝试用多种材料来模拟不均匀的介质,如胶水、盐水、油等,最后在老师的引导下发现了溶解度大的"糖水"能模拟出来,然后学生思考怎样可以制作出浓度差距大的糖水,怎样操作可以让糖水变成浓度渐高的状态,一步步都是学生遇到问题后在老师的协助下逐步思考、探究、解决,以避免学生只根据老师提供的器材照方做实验,真正体现出"像学科专家那样思考"的学科实践的价值。

二、优化复习课程的学科项目学习范式

（一）范式内涵

如126页图6-2所示,对于科学学科核心概念的学习,教师要根据课标的要求,摆脱教材的局限,积极开发课程。教师聚焦概念性知识,用概念作为聚合器,不断地会集更多的知识信息,整合成项目,引导学生在完成项目过程中达成深度学习。学科项目化学习的挑战在于建立学科的知识与真实的生活世界、多种情境之间的联系。其中,工程情境能将科学概念"放还"到应用它可以综合解决科学、技术、工程问题的情境中,在学生设计与动手制作过程中达成深度学习。

（二）范式解读

Ⅰ.创设问题情境 引出概念。通过转化现有的课程材料为问题式的、项目式的情境,形成对学生的学术性挑战,引出重要概念并产生项目。

Ⅱ.分解项目实施序列任务　应用概念。将学术性的项目,基于 STEM 等理念分解成由简单到复杂的任务序列,使学生投入包含知识、行动和态度的"学习实践",引导学生应用概念完成序列任务。

Ⅲ.拓展问题空间　迁移概念。在引导学生自主设计完成任务,交流表达和互评基础上,讨论制定评价量表,帮助解决开放的、跨学科的问题,迁移概念完善作品,达成对重要概念的深度理解。

（三）范式应用

【范例】

制作简易吸尘器(大气压强概念的应用拓展)①

Ⅰ.创设问题情境　引出概念

问题情境:小孩坐在地毯上剪纸,留下大量细小纸屑,你该怎么办?

问题1:妈妈每天打扫卫生很辛苦,你想给妈妈量身定制一个"贴心牌"吸尘器吗?

导出项目:今天我们就根据刚学过的大气压强等知识,用家里的废品制作一个简易吸尘器。

Ⅱ.分解项目实施序列任务　应用概念

任务1:现场演示吸尘器,猜测吸尘器的设计原理。

任务2:现场拆分吸尘器,观察吸尘器的构造。

任务3:根据老师提供的材料,小组讨论并画出简易吸尘器设计。

任务4:小组介绍设计图(从外形、原理、理念等角度),组间互评,小组解决问题并改进(评价改进)。

任务5:各组同学根据自己的设计方案,制作简易吸尘器。

Ⅲ.拓展问题空间　迁移概念

问题2:如何比较我们自制的吸尘器的吸尘效果?

问题3:如果要选出本节课中的哪组制作的吸尘器为最佳吸尘器,该从哪些角度来打分?

① 陈锋.指向深度学习的科学教学范式创新研究[J].上海教育科研,2019(10).

学生讨论结果:可从实用性、稳固性、创意性、便携性、艺术性等方面进行评价。

拓展项目:课后请在上述设计的基础上,综合物理、化学、生物学等知识,进一步改进或创新自己的吸尘器,设计出一个吸力更大、更符合自己家庭需要的"贴心牌"吸尘器(如,更智能的吸尘器,更便携的吸尘器,更具创意的吸尘器……)。

(四)范式应用策略

我们通过大量的课堂实践,探索出该新范式有以下几种应用策略。

1. 选择需要合作解决的复杂项目,吸引学生积极参与

"PBL教学法"要求,要把学习置于复杂的、有意义的问题情境中。而项目学习需要科学探究过程和过程设计,是跨学科的,是关于积极学习的,是关于合作与团队工作的,是关于解决实际问题的。它连接抽象知识与学生的生活、整合过程和内容,充分整合了知识、能力与态度。为此,教师需要让学生通过小组合作等形式共同解决复杂的、实际的项目,学习隐含于问题背后的科学知识,努力达成参与度大的优质教学。

2. 提供持续的项目学习实践,提升素养

项目学习要锻炼和培育的是学生在复杂情境中的灵活的心智转换,是一种包含知识、行动和态度的"学习实践",而不是按部就班完成探究的流程。学生对问题的探究与解决,都需要在项目学习的过程中转化为学生有意义的学习实践,凝练为素养。"实践"强调的是"做"和"学"的不可分割性,这意味着项目学习不仅仅是"做",不仅仅是技能的获得,同时包含着"学",包含着对知识的深度理解。"实践"意味着学生要像一个真正的科学家、工程师那样,遇到真实的问题并在多种问题情境中经历持续的实践。

3. 项目设计融入STEM理念,有助于提高学生的设计思维

STEM理念强调打破科学、技术、工程和数学四门学科的边界,融合并形成有机整体,在真实的情境下解决实际问题,提高设计思维。设计思维通过真实的问题情境促进学生进行方案开发与解决,设计思维具有开放性、创造性,可进行评估;设计是一个动态的过程,通过设计与思维不断迭代、相互促进而螺旋上

升,从而促使深度学习的发生。例如,某教师在九年级电路专题复习期间,别开生面设计了"制作身高测量仪"项目,引导学生应用电学基本原理设计简易身高测量仪电路,并用流程图说明,发现学生积极性高涨,于是进一步布置拓展项目:课后迭代设计并完善自己的测量仪,再设计一个既能测量身高又能测量体重的"身高体重测量仪"。课后检测电路设计复习效果很好。

第七章　深度学习导向的"单元学习式"课堂样态的理论与实践

虽然《义务教育课程方案(2022年版)》中未出现"深度学习"一词,但在各学科课程标准中"深度学习"被不断强调。而且,新课程所倡导的很多关键观念都从不同维度体现了深度学习观,如跨学科主题学习、项目化学习、大单元教学、过程评价、增值评价、协商式评价、表现性评价和新技术支持的评价等,其落实都需要深度学习观的支撑。①

《义务教育课程方案(2022年版)》在第五部分"课程实施"中提出了"深化教学改革"的四条路径。因而单元教学是新课程落地的必然选择,是核心素养导向的教学表征。

第一节　核心素养时代呼唤单元设计的深度学习

一、深度学习:核心素养下新课改的呼唤

核心素养是学生在接受相应学段的教育过程中,逐步形成的适应个人终身发展和社会发展需要的必备品格、关键能力。核心素养下的课堂,要让课程不仅贴近生活,还能回到生活;不仅要让知识从量的占有和积累,转变为认知、情感和素养方面的实质变化,还需要我们扩展对知识的认知。知识有四类,包括事实性知识、过程性知识、概念性知识和元认知知识。事实性知识可以通过记忆和背诵获得,而完整意义上的知识则需要理解、应用、分析和评价等方能获取。

---

① 崔允漷,等.新课程关键词[M].北京:教育科学出版社,2023.

国内外学者对深度学习的内涵界定有四种观点：①深度理解说。这种观点将理解作为区分浅层学习与深度学习的显示器，认为深度理解既是深度学习的过程，又是深度学习的结果。②理解—迁移说。这是学者们对深度学习内涵最为普遍的认识，其基本观点是在深度学习过程中，学习者不仅要进行复杂的高阶思维、精细的深度加工，还要在深度理解的基础上，主动建构个人知识体系、深度掌握高阶技能并有效迁移应用到真实情境中来解决复杂问题。黎加厚、安富海和郭华等教授都主要持这种观点。③体验学习说。这种观点的代表人物Kolb从经验学习理论的角度出发，认为学习是改造经验和创造知识的过程，是掌握经验和改造经验的过程，是适应世界的完整过程。④三元学习说。这种观点的代表人物Laird等人基于深度学习量表分析，发现深度学习可以解构为高阶学习、整合性学习、反思性学习这三个相互关联的部分。在实践中，我们主要持②和④观点，而且认为深度学习不只是一种学习方式，还是培养学生的核心素养，促进学生全面发展的积极的、有意义的学习。深度学习不是某一流派的理论演绎，而是历史上优秀教育理论成果及优秀教学实践经验的汇聚与提炼，是对学生学习与发展道路的现实探讨。

二、单元教学设计：指向核心素养的深度学习

目前课堂教学的弊病原因之一是教师"站不高，看不远"，没有真正抓住学科的本质，常常纠缠在细枝末节上，存在脱离学科本源的现象。

单元教学产生于19世纪末，是欧美新教育运动的产物。它主张，学习的内容应该是完整的，不应该将教材割裂成一课一课的形式，而应把学习内容分割成较大的单元，这样才比较符合学生心理，容易被学生掌握，有利于发展学生能力。

新一轮基础教育课程改革中，核心素养的提出以及对教师整体把握课程能力的倡导等，都对单元教学设计的研究产生了重大影响。单元已不再局限于教材中固有的单元，更多指的是以教材为基础，用系统论的方法对教材中"具有某种内在关联性"的内容进行分析、重组、整合并形成的"大单元"。而且，单元教学设计在学生素养的生成、情感的培养以及思维习惯与方法的形成等方面正在

发挥其独特作用。

三、深度学习目标:基于布卢姆教育认知目标分类法

布卢姆的教育目标分类及教育评价理论自提出以来就在教育领域中产生了巨大影响,安德森等专家修订版认知目标分类法至今仍被广泛应用。根据学习者所达到的思维水平和认知层次,布卢姆教育认知目标分类法将认知目标分为记忆、领会、应用、分析、评价、创造等由低至高的六个层次。我们认为,做到其后四个层次就是指向高阶思维的教学。

表7-1将深度学习认知目标与布卢姆教育认知目标分类法对照,学习不能只停留在记忆和理解等低阶的层面上,还要进入应用、分析、评价和创造等高阶思维的活动和技能中。高阶思维的培养,要求学生能够超越事实简单回忆,转向复杂真实问题的解决,能通过任务分解为各个部分来探索理解以及发现相互关系,形成一个决定或者行动步骤,产生新的理念或者看事物的方式。深度学习是运用高阶思维进行有意义学习,高阶思维能力有助于促进深度学习目标的达成;高阶思维又是深度学习的核心特征。高阶思维能力的提升是判断深度学习目标达成的标准之一。

表7-1 深度学习认知目标与修订版布卢姆认知目标分类法对照

学习类型	目标层次	内涵
浅层学习	记忆	从长时记忆中提取有关信息
	理解	从教学信息中建构知识意义
深度学习	应用	在新情境中运用所学知识技能
	分析	将材料分解成要素,明确各要素间的关系及其与整体的关系
	评价	依据一定的标准对所学知识技能做出价值判断
	创造	将各要素整合成一致的或实用的整体,组成新的模式或结构

第二节 "单元学习式"课堂样态的设计原则

一、概念统领性原则

素养导向的单元教学，必然要求用指向素养目标的，更为上位的大观念、大概念来统摄学习内容，即找到能够统领学习内容的、具有提纲挈领作用的统摄中心或组织者。如果缺乏大的统摄中心或组织者，学生所学的知识还会是分散的，学习后很容易遗忘。但如果使用经过学习内容之间内在逻辑的分析后提取的统摄中心来组织学习内容，就可以帮助学生获得知识之间的内在联系，建立全新的知识结构，将所学知识构建成具有意义的认知网络，如概念统领下的电与磁单元的知识层级，如表7-2所示。

表7-2 核心概念案例

跨学科概念	系统与模型、结构与功能			
学科核心概念	物质的运动与相互作用、工程设计与物化			
单元核心概念	电磁相互作用、工程的关键是设计			
重要概念	磁现象	电生磁	磁场对电流的作用	磁生电
事实性知识	磁场	电磁铁	电动机	发电机

核心（重要）概念是高度凝练的，通过相关内容的学习逐步形成，具有很强的迁移性和应用性，就是单元很好的统摄中心或组织者。科学课程内容以13个核心概念为主体，围绕核心概念的进阶，与跨学科概念产生有机联系，构成一个完整的体系。

二、设计整体性原则

以往基于课时或知识点的教学设计总是更加关注学生通过学习什么、能够习得什么样的知识和事实，并不太关注学生在习得知识后如何运用和迁移。然而，新课标下单元教学设计的出发点不只是让学生能够学会教材中规定的内容，还是让学生通过掌握这些学习内容促进其核心素养的发展。只有对教学进行整体观照,才能实现促进学生核心素养发展的目标。也就意味着教师在进行单元教学设计时站位要高,要站在高观点下审视单元内的学科知识,建立知识之间的本质联系,洞悉其来龙去脉,强化对学科知识结构的整体认识,促进知识间的融会贯通。它对教师明晰知识的产生过程、知识间的相互关联,理解和把握学科知识体系有重要作用。

三、知识关联性原则

新课程所倡导的单元教学作为一种素养导向的、专业性很强的新教学方式,必须遵循科学的设计逻辑和规划严谨的实施步骤。在设计时,需要集中体现目标内容,实施和评价以及保证其一致性。为此,我们在实践中探索建构了"单元教学的设计路线图":单元整体教学目标—单元课时教学目标—单元内容的组织与安排—单元课时关系—高阶思维目标达成评价,从而使单元各课时知识紧密关联起来,指向单元整体教学目标的达成。

【案例】整个"血液循环"概念单元分两部分,血液循环结构、功能(前 2 课时)和血液循环对生命运动的意义(后 2 课时)。按照"解"结构、"析"功能、"探"意义、"辨"新技术四块内容展开,由浅入深地构建生命概念体系,螺旋上升式构建学习思维体系。

第三节 "单元学习式"课堂样态的解读及实践①

一、"单元学习式"课堂样态范式的解读

(一)样态范式结构

我们汲取 UbD 理论、真实学习及布卢姆教育认知目标分类法的精髓,根据学生的认知规律和科学学科学习的特点,总结提炼出以下指向深度学习的单元教学设计范式:

---

① 陈锋、李红燕.指向深度学习的单元教学设计及实践——以科学概念学习为例[J].教育参考,2019(4).

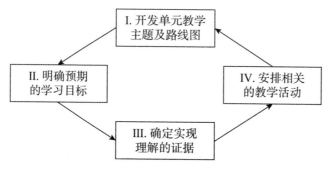

图7-1 指向深度学习的单元教学设计

（二）范式解读

Ⅰ. 开发单元教学主题及路线图。教师根据课程标准和重要概念确定单元主题,通过分析知识结构提出相应的核心问题,确定每一课时的真实问题(任务),开发出符合学生认知规律的单元教学的路线图,如图7-2所示。

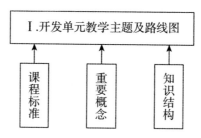

图7-2 开发单元教学主题及路线图

Ⅱ. 明确预期的学习结果。教师调查学生学情、学习需求,根据重要概念的学习进阶,设计一系列真实情境问题,通过问题解决或任务驱动使学生掌握概念相关的核心知识,最终达成概念的运用、分析、评价乃至创造等高阶思维目标或学科核心素养目标,如图7-3所示。

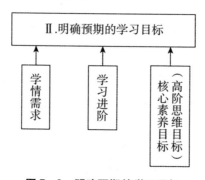

图7-3 明确预期的学习目标

Ⅲ. 确定实现理解的证据。教师引导学生通过真实问题或驱动任务及有效的评估证据,展示反映预期目标的成果,学会反思和评估自身的学习,如图7-4所示。

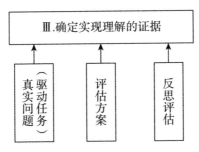

图7-4 确定实现理解的证据

Ⅳ. 安排相关的教学活动。教师要探测学生的已有水平、预测可能的误解,设计一系列高效教学活动,为学生提供应用知识和迁移的机会,学生通过"深度学习体验"达到预期的学习结果,从而达成学科核心素养或高阶思维目标,如图7-5所示。

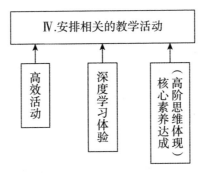

图7-5 安排相关的教学活动

（三）范式应用

我们根据课标和深度学习的要义,对教材进行二次开发,重构了以下"血液循环"教学单元。

【范例】

初中科学"血液循环"概念的单元教学设计

7—8年级学生对血液循环(体循环、肺循环)、心脏、心率等核心概念都比较清楚。但是面对真实情境时,学生对知识的应用、理解和迁移能力就相对比较弱。因此单元教学要与时俱进,为学生创设真实的情境,开发学生运用知识概念、实验设计的能力和推理分析能力,依据合理证据推理演绎科学解释。

　　血液循环的教学普遍容易陷入"学生阅读教材""教师归纳总结结构""学生记忆器官系统结构名称""练习巩固考题强化"这样的教学过程。学生死记硬背,对生命双循环运动的学习是很浅层的,没有构建生命观念,如结构与功能观、进化与适应观、稳态与平衡观、物质与能量观等,更别提在问题情境中潜移默化地培养或提升学生高阶思维的深度学习。

【单元教学设计路线图】

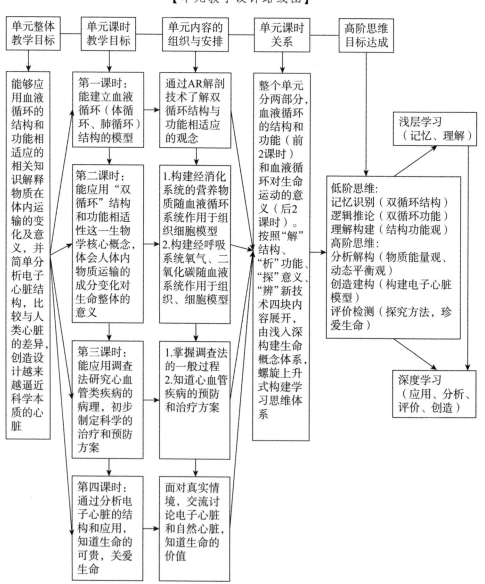

【第四课时:心脏的深度学习】教学设计

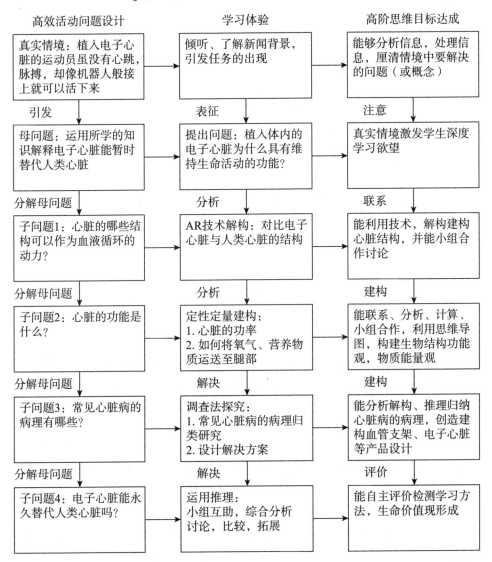

【本课时设计意图】:《心脏的深度学习》一课,教师不能将认知水平停留在记忆识别(双循环结构),逻辑推论(双循环功能),理解构建(结构功能观)等低阶思维活动,而是应该指向深度学习,分析解构(物质能量观、动态平衡观),创造建构(构建电子心脏模型),评价检测(探究方法,珍爱生命)。

本课时教学中,学生在真实的任务下学会用逻辑推理、科学演绎的方法知道心脏、血管等结构与功能的关系,分析解构心血管疾病的致病机理,能够创造建构合理的科学的预防和治疗心血管疾病的方案,再通过小组合作建构生物体结构与功能相适应的因果关系模型、组织整合体内物质运输的整体思维导图、评价检测电子心脏无法取代人类心脏这一真实结论,从而提升学生的高阶思维,达成深度学习。

第四节 "单元学习式"课堂样态的应用策略

一、要整合情境、问题、任务,设计核心素养导向的单元课程

本次课改的重点之一是"素养导向",即注重培育学生终身发展和适应社会发展所需要的核心素养,特别是真实情境中解决问题的能力。为此,新课标背景下的单元应该是一种"登山型"的课程组织与设计,它强调知识的选择和组织要以核心素养为统领,教学过程不是简单的知识点的组织和串联的过程,而是围绕解决问题、驱动任务及形成素养的对概念进阶建构,运用和创新的过程。

【案例】九年级"火警报警电路的设计"单元中,以真实问题、进阶任务,指向"物质的运动与相互作用"和"工程设计与物化"核心概念进行设计。

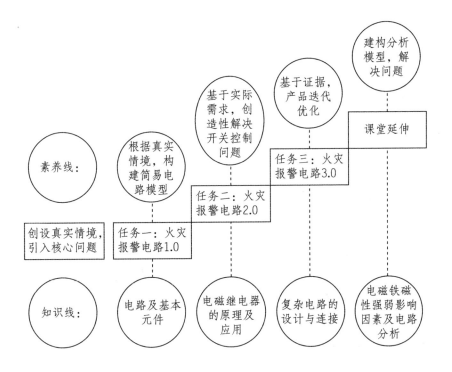

二、要基于社会生活热点,设计项目化的单元课程促进深度学习

课程形态的项目学习,是指以核心素养为目标,以课程方案和课程标准为基本依据,根据学生的发展需要和当地社会生活特点而系统设计的学校课程。项目学习是走向深度学习的基本途径,若嵌入开发成单元课程,显然能更好实现深度学习。

【案例】当前社会生活热点"电瓶车安全问题"频频发生,主要有电瓶车自燃、充电起火、高速超载、不佩戴安全帽等,涉及的科学问题有:为什么电瓶车容易起火?为什么长时间充电更容易起火?如何防范起火?如何设计灭火或火警装置?电量是如何反馈出来的?为什么限速限载?为什么一定要佩戴安全帽等。涉及的学科概念主要有化学反应、燃烧、沉浮条件、电磁铁、变阻器、电动机、压强、机械能等。

教师课前利用"问卷星"平台对学生相关内容的掌握情况进行诊断,通过数据分析将电瓶车安全系列问题缩小范围,锁定在电瓶车起火和电量反馈系统

上,将其设计成5课时的项目学习的单元课程,最后要求小组讨论制作安全使用指南并在小区宣传。课程流程如下图所示:

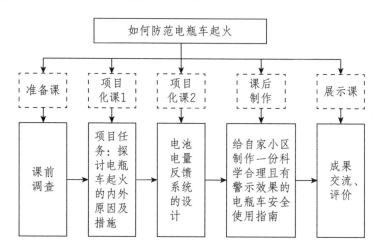

三、要根据学生认知序,组织和呈现单元课程内容

"教学单元"不同于"教材单元",教师要真正"用教材教",不是"教教材",教师要跳出教材学科知识罗列的窠臼,按照学生学习逻辑组织呈现课程内容,加强与学生经验、现实生活、社会实践的联系,通过主题、任务、问题、项目等形式整合课程内容。即,新课程倡导的单元教学设计是要求教师从学科领域的课程标准出发,以学科核心素养或高阶思维为导向,根据学科内容和学习目标的要求聚焦高迁移的重要概念,并以此为组织中心开发包含真实问题和真实任务的单元课程,并依据学生素养或思维发展进阶、教材内容和学生现状,将"教材单元"开发为"教学单元",形成若干个教学课时,基于当代教学理论厘清教学目标,制定教学任务,探讨教学方式及策略,系统考虑各项教学因素的教学设计。

第八章 科学"高阶课堂"样态的应用课例

我们通过研读和遴选当代教学理论,结合科学概念的特点,经过大量教学实践和反思,探索开发了问题解决式、任务驱动式、项目学习式及单元学习式的"高阶课堂"样态,然后分别根据概念的特质设计教学和实践,提炼出以下七个典型课例(由于学习内容不同,故体例有所差异)。

第一节 "问题解决式"课堂样态的应用课例

一、聚焦挑战性问题的"问题解决式"课堂样态范式之应用

(一) 范式内涵

主要汲取首要教学原理和真实学习理论的精髓,我们开发了聚焦挑战性问题的"问题解决式"课堂样态范式,如图 8-1 所示。

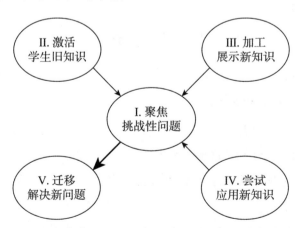

图 8-1 聚焦挑战性问题的"问题解决式"课堂样态范式

教师要关注包含有核心概念的真实生活情境,聚焦真实情境中的真实问题开

发课程,然后对真实问题进行分析,提取学生感兴趣的挑战性的科学问题,让学生回顾所学的相关知识,再利用先行组织者策略,补充添加相关联的旧知。教师要围绕着意义学习的要求,建设积极的心理意向和学习意义,通过系统加工等策略,建构出知识模型,最终指导学生应用新知识,迁移解决现实生活中的新问题。

（二）范式解读

Ⅰ.聚焦挑战性问题。聚焦解决未达成一致结论的、真实世界的、能引起认知冲突的挑战性问题,迅速激起学生的学习兴趣和探索愿望。

Ⅱ.激活已有旧知识。首要教学原理认为,激活已有知识和技能的心智模式,并将其作为新学习的基础时,才能促进学习。

Ⅲ.加工展示新知识。深度学习的发生需要复杂的高阶思维、精细的深度加工,在加工中批判性地学习新知识,就易将它们融入原有的认知结构中。

Ⅳ.尝试应用新知识。在问题解决学习的后阶段,需要开展有梯度的练习或变式练习,同时需要不断地减少支架辅助,从而能够在众多概念间进行联系,构建出新的认知结构。

Ⅴ.迁移解决新问题。将新知识结构化,就能迁移到学生的实际生活中,使学生顺利解决新问题,最终使学生达成深度学习。

（三）范式应用

【课例8.1】

"压强"概念的教学①

【核心概念】

3.物质的运动与相互作用

【学习内容与要求】

3.1 力是改变物体运动的状态原因

7~9年级:⑦理解压强的含义,能说出日常生活中增大和减小压强的方法。

【教学目标】

1.通过比较压力与重力的异同,理解压力作用效果的大小与哪些因素有

---

① 陈锋,王健.基于五星教学原理的初中科学的问题解决教学〔J〕.物理教学探讨,2016(7).

关,能说出日常生活中增大和减小压强的方法;通过理解压强的概念,运用压强公式进行简单的计算。

2. 通过科学探究,归纳得出压力作用效果跟哪些因素有关;通过参与科学探究,学习使用控制变量,学会方案的设计和实验的表格设计。

3. 学会小组实验合作,学会观察实验现象,能对实验证据进行分析;通过实验过程的探究和实验证据的分析,学会归纳出实验结论。

4. 通过实验探究,激发学生学习科学的兴趣,使学生认识科学方法的重要性;通过对日常生活、生产中压强现象的解释,培养学生勇于探索物理学原理的精神和将物理知识应用于日常生活、生产的意识。

【教学思路】

以下基于聚焦挑战性问题的"问题解决式"课堂样态范式,每一阶段都匹配相应的实际问题,循环圈和每一阶段中的问题都要循序渐进。

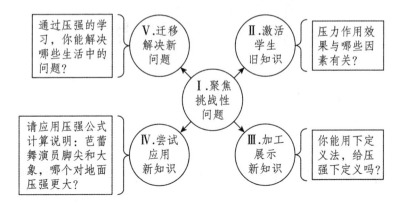

挑战性问题:

地面的形变程度一样吗?哪个明显?

芭蕾舞演员　　　　　　大象

【教学过程】

Ⅰ.聚焦挑战性问题

一位成年芭蕾舞演员在表演时脚尖触地,一头成年大象站在水平地面上时每

只脚掌触地。你认为哪种情况时,对地面的压力作用效果更明显?(见上页图)

学生讨论得出:猜想影响压力作用效果的因素——与压力的大小有关,与受力面积大小有关。

{设计意图:教师设计了以上有趣的、极具挑战性的两难问题:同时涉及压力和接触面积两因素,只考虑单一因素无法解答。营造创意氛围,从而引发学生积极的讨论,激活学生的原有经验,并使该问题成为统摄本节课的中心问题。}

Ⅱ.激活已有知识

问题2:压力作用效果与哪些因素有关?

a.用手指压气球,让学生观察发生了什么现象。

b.用同样大小的力压桌子,桌面形变吗?用同样大小的力压地面,地面形变吗?

{设计意图:通过上述问题的解决,"铺垫相关旧知"或"补救所缺旧知",充分体现首要教学原理中的第二阶段是"激活原有知识",为下面体验活动的顺利进行搭建了支架。}

问题2.1:压力和重力有区别吗?什么时候两者相等?

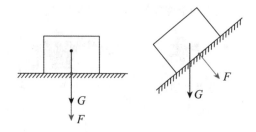

{设计意图:对于"重力"和"压力"这两个概念,学生往往容易错误地认为

"压力总是与重力相等",甚至有些同学更极端,认为"压力就是重力"。为了帮助学生深刻认识到这两个概念的差异,设置了以上问题情境,从而顺利得出结论:在水平面上时,压力大小等于重力大小。}

问题2.2:两个物体接触时,哪部分为受力面积?

两只脚与体重计接触　　　　一只脚与体重计接触　　　　臀部与体重计接触

{设计意图:教师创设以上三种实验情境,让学生分清受力面积和接触面积,夯实学生学习压强必须具备的认知基础。}

问题2.3:如何设计实验探究影响压力作用效果的因素?

学生:小组实验,填写以下活动单。

活动:探究影响压力作用效果的因素

实验方法＿＿＿＿＿＿＿＿＿＿＿＿＿＿＿＿＿＿＿＿＿＿＿＿＿＿＿＿

实验器材:一块大海绵垫以及你或你周边的物体

实验观察＿＿＿＿＿＿＿＿＿＿＿＿＿＿＿＿＿＿＿＿＿＿＿＿＿＿＿＿

实验记录＿＿＿＿＿＿＿＿＿＿＿＿＿＿＿＿＿＿＿＿＿＿＿＿＿＿＿＿

在表格中对海绵的凹陷程度用以下词语描述(不明显,明显,很明显)

压力不变

方法			
凹陷程度			

结论:

受力面积不变

方法			
凹陷程度			

结论:

〔设计意图:让学生学会控制变量法,学会方案的设计和实验的表格设计;学会小组的实验合作,学会观察实验现象,并能对实验证据进行分析;通过实验过程的探究和实验证据的分析,学会归纳实验的结论,体现了首要教学原理中的"梳理旧知结构"这一原理。〕

Ⅲ. 有意义地展示相关新知识

问题3:你能用下定义法,给压强下定义吗?

问题3.1:当压力与受力面积都不同时,怎么比较压力的作用效果?

问题3.2:回顾前面刚学过的密度,你会用类比法来定义压强吗?

$$密度(\rho) \begin{cases} 定义 \\ 公式 \\ 单位 \end{cases} \quad 压强(p) \begin{cases} 定义 \\ \quad 单位面积上受到的压力叫压强 \\ 公式 \\ \quad 压强 = \dfrac{压力}{受力面积} \\ \quad p = \dfrac{F}{S} \\ 单位 \end{cases}$$

〔设计意图:进入首要教学原理中的第三阶段"展示论证新知",通过定性的活动观察让学生能初步得出压强与压力大小、受力面积大小的关系,然后通过回顾密度的定义、公式和单位,让学生学会类比的学习方法来定义压强,体现了"知识编码整合"这一原理,突出教师采用适切的教学方式,将知识进行编码整合,从而建立压强的概念模型。〕

Ⅳ. 指导学生应用新知识

问题4:请应用压强公式计算说明:芭蕾舞演员脚尖和大象哪个对地面压强更大?

解决生活中问题:一位芭蕾舞演员在表演时脚尖触地面积约 9.5 cm^2,体重约 475 N,一头成年大象站在水平地面上时,每只脚掌触地面积约 600 cm^2,体重约 60000 N。请通过计算,比较谁对地面的压强大?

〔设计意图:首要教学原理中的第四阶段是"尝试应用练习",要求教师在知识编码整合、建立压强的概念模型的基础上,尝试应用压强模型,去解决实际生活中的问题——即本课的中心问题,同时体现了"渐减支架辅助"这一教学原理。从扶到放要循序渐进,完全放手要在课后应用中实现。〕

Ⅴ.迁移解决生活中新问题

问题5:通过压强的学习,你能解决哪些生活问题?

问题5.1:通过观看视频,分析老人陷入泥坑的时候,怎样能够不下陷?

(中央电视台播放的真实事件:2014年5月25日,一位老人睡不着,清晨3点外出散步,不小心踩入泥潭,他大声呼救,消防队员及时赶到,他们会如何施救?)

问题5.2:当你不小心踩入泥潭时,如何寻求帮助以及如何自救?

｛设计意图:首要教学原理中的第五阶段是"融会贯通",设计以上问题,能让学生把所学知识应用到现实生活中去,真正使科学服务于生活,同时使学生的基础知识和基本技能得到进一步的巩固和加强。——这也是首要教学原理倡导在"聚焦解决问题"的宗旨下,具体的概念教学任务被置于循序渐进的实际问题情境中来完成,最后通过所学内容来解决现实问题,体现科学为生活服务、科学使人类更智慧地生活。｝

二、聚焦科学史问题的"问题解决式"课堂样态范式之应用

(一)范式内涵

本范式主要汲取 UbD 理论、HPS 理论和"ARCS"动机设计模型等精髓,我们开发了以下聚焦科学史问题的"问题解决式"课堂样态范式,如图8-2所示。

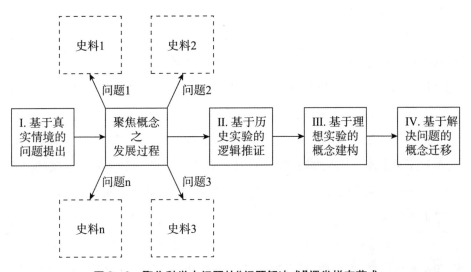

图8-2 聚焦科学史问题的"问题解决式"课堂样态范式

教师需要聚焦概念发生发展阶段中的疑难问题,引导学生像科学家那样思考问题,从概念形成历史的坐标系中梳理出与此概念关键属性紧密相关的科学史料,并开发成学习课程,通过基于真实情境的问题提出引起学生注意,根据历史上科学家的经典实验设计序列化的引导性问题,通过逻辑推理引导学生在解决问题串中实验并建构概念理想模型,且获得自信和满足感,最终让学生在解决真实生活问题的基础上巩固、迁移概念,同时体会到科学家高阶思维之魅力。

(二)范式解读

学生个体的概念形成是个体借助语言,从成人那里继承和学会包含于概念中的知识和经验的过程。而科学上概念形成过程经历曲折的假设、探究等过程,将学生个体的概念形成过程基于科学史中人们对科学概念的认识过程中,可以帮助学生不停留在作为现成结论的知识片段,而是进一步认识到科学的整体性,使对科学概念的逻辑结构及其进程有全面的了解。为此,教师要聚焦概念发展过程,从概念形成历史的坐标系中梳理出与此概念关键属性紧密相关的科学史料,整合成学习课程,开展学科实践。UbD 理论一个重要的特点就是把引导性问题作为构建课程的框架,整个教学活动的安排都是以此为中心的。引导性问题还可以把孤立、分散的教学活动联系起来,有利于把学生引向深层次的理解。

Ⅰ.基于真实情境的问题提出。英国科学哲学家波普尔认为,引导科学家进行探索性研究活动的真正起点,是科学问题而不是观察或理论。基于此,教师要设计能使学生感兴趣的、具有挑战性的真实问题,引起学生的注意,在基于真实情境的问题引导下启动学习。

Ⅱ.基于历史实验的逻辑推理。许多科学概念是科学家在无数实验的基础上,经过逻辑推理、科学抽象或归纳概括而得出的。教师要透视科学家的经典实验,设计出一系列引导性问题,让他们积极地参与到探究、发现等学习活动中来,进而深入理解重要的内容和观点;当然,教学中也可以尽可能创造条件,把科学家做过的实验引入课堂,让学生亲临其境去体验和感受科学家探究的过程,包括提出问题、作出假设、设计实验验证假设、对资料进行分析、推理并得出结论等,养成科学的态度,获得逻辑思维方法教育。

Ⅲ.基于理想模型的概念建构。科学领域中的一些科学概念比较抽象,学生很难真正理解,建立模型是一种重要的思维方法和教学策略,它可以在学生原有认知与认知对象之间搭建一座桥梁。对于这些概念的建构,可以借助一些实验、推理等,将抽象的概念转变为形象的模型,运用形象的模型反映事物的本质,帮助学生克服认识上的困难,进而在学生大脑中建构起正确的科学概念,并获得自信。

Ⅳ.基于解决问题的概念迁移。学生分析一些科学史中的经典实验后,通过逻辑推理、分析比较、归纳概括等方法获取概念,充分运用批判性思维等高阶思维,把新概念纳入到自己的认知结构中,然后让学生在解决真实生活问题的基础上巩固、迁移概念,从而获得满足感。

(三)范式应用

【课例8.2】

"光合作用"概念的教学①

【核心概念】

6.生物体的稳态与调节

【学习内容与要求】

6.1 植物能制造和获取养分来维持自身的生存

7—9年级:②知道光合作用的原料、条件、产物及简要过程,认识光合作用过程中物质和能量的转化及其重要意义。

【教学目标】

1.通过研究历史上经典实验认识人类探索光合作用的历程,了解经典实验的方法及结论;能说出光合作用的原料、产物、场所、动力等。

2.通过分析经典实验中科学家设计实验的技能和思维方式,体验科学探究过程的各种思维活动。

3.经历科学探究的一般过程:提出问题→建立假设→实验探究→收集和处

---

① 陈锋,杨丽娟.基于 HPS 理论的概念教学范式研究—以科学史建构科学概念的视角[J].教育参考,2017(4).

理事实→得出结论;初步学会合作交流、建立模型、提出假设、控制实验条件、设置对照实验等方法。

4. 感受实事求是的科学态度,领悟"科学知识真实可信,但它不是绝对真理",养成坚忍不拔的意志品质,树立"怀疑、创新、进取"的科学精神。

【学习任务分析】

一、学生起点能力

在5—6年级已知道植物能进行光合作用,对光合作用的原料、产物、场所、动力等也有所了解;已经历过科学探究的一般过程;或隐性或显性地接触过建立假设等研究方法;或隐性或显性地进行过合作交流。

二、学习目标分析

本节课以光合作用发现史中的经典实验为载体,旨在引导学生通过对经典实验的分析,建立光合作用的模型,掌握设计实验的规则,进而能创造性地设计实验进行科学探究,领悟科学精神,提高科学素养。其中,根据 J. R. Anderson 的 AcT 理论,有关光合作用的知识属于陈述性知识,设计实验的规则属于程序性知识。

对光合作用、科学探究的一般过程、建立假设等研究方法及合作交流有初步了解——起点

↓

习得光合作用的原料、产物、场所、动力等,从而建立模型——使能目标一

↓

分别习得控制实验条件、设置对照实验、选择实验材料等规则——使能目标二

↓

综合运用实验设计规则,在新情境下设计实验方案——终点目标

【教学思路】

有关"植物的光合作用"的概念在初中科学中占相当重要的地位,然而,在教学中,光合作用发现史中精妙绝伦的经典实验却往往被认为只是展示知识的一种形式,它的其他功能却被忽视了。其实,光合作用的发现史不仅展示了知

识的发生过程,能帮助学生深刻理解知识、理解科学的本质,还有着更多的教育教学意义:利用科学史的"故事性",能有效地提高学生的学习兴趣;重温先贤勇于探索的过程,能有助于培养学生实事求是的科学态度和坚忍不拔的科学精神;更为有效的是,学生可以从光合作用经典实验中学习到科学家设计实验的智慧,这也是本节课的重中之重。为此,我们运用聚焦科学史问题的"问题解决式"课堂样态范式,可以充分开发以下体现科学本质的光合作用概念教学课例。

【教学准备】

1. 实验器材:烧杯、金鱼藻等水草、玻璃棒、水、不同瓦数的电灯泡等。

2. 教师制作的"光合作用电子书包":包含真实的问题情境、依据光合作用发现史排列的经典实验资料。

3. 视频展示台。

【教学过程】

Ⅰ.基于真实情境的问题提出

真实情境:教师利用多媒体出示一段录像《阳光下的魔术——植物的光合作用》。

提出问题:"民以食为天",动物需要以食物来维持生命,一棵小树长成参天大树,其质量增加几百至几千倍,它的食物(营养物质)是什么? 植物的光合作用是怎么被发现的呢? 今天我们就沿着"时间隧道"来研究光合作用的发现过程,从中深刻理解科学家设计实验的智慧。

教师通过设置疑难问题引入课题,激发学生的认知冲突,使学生的精神保持亢奋状态,为课堂学习提供良好的心理氛围。

Ⅱ.基于历史实验的逻辑推理

呈现学习目标:科学是一门以观察和实验为基础的学科。那么,科学家是怎样设计实验来探索发现光合作用的呢? 今天我们要学习、模仿科学家设计实验的方法,争取自己也能创造性地设计实验,探究光合作用的奥秘。

教师通过告知学习目标,让学生意识到学习活动的意义指向,使学习的目标成为一种有力的探究动机。

教师课前梳理了光合作用发现史上科学家的经典实验,并根据课标和初中学生水平制作了"光合作用电子书包"。学生利用"电子书包"根据引导性问题逐个解读科学家的经典实验,开展合作探究学习。

（一）亚里士多德对植物营养的说法

早在公元前 3 世纪,古希腊学者亚里士多德曾经<u>猜想</u>,植物既然生长在土壤中,土壤就是植物体的全部食物来源。你认为亚里士多德的观点对吗? 为什么?

（实际上,这一观点长期被奉为经典,直到二千年后的 1629 年,比利时生物化学之父凡·海尔蒙特做了一个简单而又有意义的实验,才推翻了亚里士多德的观点。）

（二）1629 年,"生物化学之父"海尔蒙特的实验

海尔蒙特想知道植物的营养物质只来自土壤吗? 于是,他<u>建立假设</u>——植物的营养物质来自水。然后海尔蒙特烘干土壤,称出质量,种上柳树,只浇雨水,平时盖上桶盖。通过五年实验,发现柳树质量增加了 74.45 千克,而土壤只减少不到 62.5 克。我们一起根据实验本身事实讨论下面几个问题:

A 土壤 90.8 kg　幼树 2.25 kg

B 只浇雨水(几乎不含任何养料)

C 加桶盖,五年后树长大了

D 土壤只减少 62.5 g,小树却增加 74.45 kg

1. 你认为这个实验可以得出什么结论？

学生认为，植物的养料不全是来自土壤。但海尔蒙特<u>在当时的时代条件下，在当时的科学背景下</u>，认为植物的营养物质主要不是来自土壤而是来自水。

2. 实验中，为什么起初的 90.8 kg 泥土必须是干燥的？为什么要用雨水浇柳树，而不用河水等其他水？为什么要加桶盖？

学生小组合作讨论得出：实验目的是探究在这五年中土壤减少了多少，所以开始和最后的土壤都必须干燥；实验加桶盖是防止灰尘落入土壤；河水中有土壤的成分，不利于证明植物的营养主要来自水。海尔蒙特巧妙设计实验以<u>排除干扰因素</u>，是实验设计必须考虑的。

教师强调：在植物营养的研究中，这也是<u>定量实验</u>的第一次尝试，用科学的定量实验推翻了亚里士多德的经验猜测。

3. 你认为海尔蒙特忽视了哪个重要因素，使得他的实验结论从现在来看并不正确？这个实验未解决的问题是什么？

学生讨论后认为：海尔蒙特当时没有认识到空气中的物质参与了有机物的形成，未探究土壤中损失的少量物质，未继续探究除了水之外植物所需要的物质。

（教师：科学家继续探索着，特别是到了 1771 年，这一年被称为"光合作用年"，从这一年开始科学家对光合作用的研究步伐进一步加快，下面列出了三个光合作用发展史上很重要的实验，请同学小组合作讨论这三个实验，注意：①要根据实验本身的事实分析；②解读经典实验，理解实验设计的方法性；③以小组为单位自主选择其中一个实验重点进行讨论，并回答有关问题。）

（三）1771 年，英国化学家普利斯特利实验

A 蜡烛熄灭　　　　　　　　**B 蜡烛继续燃烧**

C 老鼠死亡   D 老鼠继续活着

E 植物死亡   F 植物生长繁茂

教师:当时海尔蒙特没有考虑到空气的作用,1771 年,英国化学家普利斯特利首先做了如上的实验,提出另一个问题:植物的生长与空气的作用有关吗?

1. 试讨论普利斯特利实验基本方法、实验结论。

学生:普利斯特利实验的基本方法是对照实验法。对照组是 A/C/E,实验组是 B/D/F。

一些学生认为该实验可以得出的结论是植物能吸引二氧化碳,释放出氧气。老师进行纠正:当时科学界还不知道老鼠呼吸需要吸收氧气释放出二氧化碳,也不知道蜡烛燃烧会释放出二氧化碳,所以,普里斯特利认为:植物可以恢复因蜡烛燃烧而变"坏"了的空气,植物生长需要蜡烛和老鼠放出的气体。

2. 玻璃罩要密闭吗? 为什么?

学生:玻璃罩密闭是为了防止外面的空气进入,排除干扰因素。

3. 这个结论引起了很多人的兴趣,人们纷纷重复他的实验,但得到的结果却不一样,有的能够成功,有的总是失败,而这一现象连普利斯特利本人也难以解释,你认为其他人失败的最可能的原因是什么?

学生:如果在无光或弱光条件下做实验,实验就会失败。

4. 这个实验未解决的问题是什么?

教师提醒:当时由于科学发展水平的限制,普利斯特利仅联想到植物可以更新空气,但不知道是空气中的哪种成分在起作用,也没有认识到光在其中的关键作用。

(四) 1864 年,德国科学家萨克斯实验

太阳
铝箔
回形针

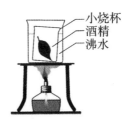
小烧杯
酒精
沸水

萨克斯的实验过程:如图所示,把一种植物的叶片放在暗处几小时,目的是使叶片中的营养物质消耗掉,然后再把这片叶片一半照光,一半遮光,过一段时间后,用碘蒸汽处理叶片,发现遮光的一半叶片的颜色没有发生变化,而照光的那一半则呈深蓝色。(提示:碘遇淀粉生成蓝色的物质)

1. 你认为这个实验可以得出什么结论?

学生:绿色叶片在光下制造出淀粉。

2. 这个实验是对照实验吗? 实验中所须控制的单一变量是什么?

学生:是对照实验,控制的单一变量是光照。

3. 为什么要把叶片放在酒精中?

学生:褪去叶中的叶绿素,有利于观察到叶片是否变蓝。教师点拨:让实验现象显性化。

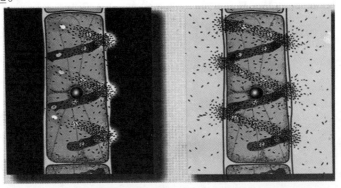

（五）1880年,德国科学家恩吉尔曼实验

恩吉尔曼的实验过程:1880年,德国的科学家恩吉尔曼(C.Engelmann)用水绵进行了光合作用的实验,如上页图所示。把载有水绵和好氧细菌的临时装片放在没有空气的黑暗环境中,然后用极细的光束照射水绵。通过显微镜观察,发现好氧细菌只集中在带状叶绿体被光照到的部位附近(左图);如果上述临时装片完全暴露在阳光下,好氧细胞则集中在叶绿体所有受光部位的周围(右图)。

1. 通过这个实验能得出什么结论?

学生解读:恩吉尔曼通过实验发现,好氧细菌只集中在叶绿体被光照到的部位附近,所以,该实验证明,氧气是在叶绿体处释放出来的,叶绿体是绿色植物进行光合作用的场所。光是植物产生氧气的条件。

2. 好氧细菌在这个实验中起什么作用?

学生解读:我们肉眼无法看到氧气从叶的哪儿产生,而好氧细菌则能直观地指示出氧气产生的部位,从而使实验现象显性化。

教师小结:通过大量实验证明绿色植物通过叶绿体,利用光能,把二氧化碳和水转化成有机物,并释放出氧气。可见,科学是相对真理,科学是一个探究的过程。实际上,人们对光合作用的探索并没有结束,在20世纪中,已有6次有关光合作用的研究成果荣获诺贝尔奖,相信还会有很多的奥秘被揭示。

本活动以光合作用发现史为知识载体,引导学生沿着光合作用发现的历史线索,从古希腊亚里士多德→1629年海尔蒙特→1771年(光合作用年)普利斯特利→1779年英格豪斯→1864年萨克斯→1880年恩吉尔曼……通过分析系列经典实验得出植物光合作用的原料、产物、场所、动力,并用表格一一总结,然后通过聚合思维归纳,抽象出光合作用模型,从而为学生提出假设和设计实验提供相关的基础知识。

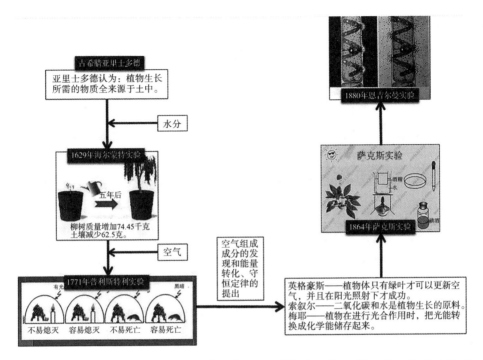

{设计说明:为了让学生习得关于实验设计能力的程序性知识,教师采用了如下的教学:首先,学生在教师提供的经典实验和有关问题引导下,经过讨论和信息反馈,逐个"发现"实验设计规则——设置对照实验、排除干扰、控制单一变量、恰当地选择实验材料、显性化实验现象,如,运用老鼠和蜡烛创造条件,使在自然环境中无法观察到的空气成分变化间接地表现出来等。这是奥苏贝尔同化论中的上位学习的一种形式——从例子到规则的学习,简称例—规法。这是为了使学生的认识从直观到概括、从个别到一般。然后,引导学生将实验设计规则迁移到新的实验情境中去,经过在变化情境中的练习,促进学生对规则的理解和掌握,逐步使各条规则由陈述性知识转化为程序性形式,使相应的规则向办事的技能转化。}

Ⅲ. 基于理想模型的概念建构

教师:几代科学家历经200多年,才基本弄清植物光合作用的过程。(利用多媒体展示—植物整体图)请你们归纳以上每个实验的结论,在图中用文字或符号表示出光合作用的原料、产物、条件、场所等。

学生小组合作,讨论出光合作用模型(左图)。

教师在本教学环节把光合作用的场所、条件、产物、原料等分散的知识整合成一个整体并表示出它们的关系,还应用表象策略,把言语信息集合到学生熟悉的植物图片模型上,让学生通过双重编码形成模型,将新接收的信息与大脑中原有的信息紧密联系,建构成新的认知体系,促进知识的理解、记忆和提取。

Ⅳ. 基于解决问题的概念迁移

解决真实问题1:在20世纪,至少有六次有关光合作用的研究成果荣获诺贝尔奖。探索并没有结束,希望你也能参加到科学研究中来!现在请同学们运用实验设计规则,探究一个真实问题:小明妈妈从水族馆买回来几棵水草,让小明放在水族箱内,说这样水中会有较多的氧气让鱼儿呼吸。爱动脑筋的小明想让这几株水草释放出更多的氧气。你能想办法让水草释放出更多的氧气吗?你可以设计实验来证明你的想法吗?请你用图片或文字来表达自己的实验设计。

有的学生在设计实验时,提出将适量的雪碧倒入水中,以增加水中的二氧化碳,促进水草光合作用;还有的学生提出光的波长也会影响光合作用的效果……学生的思维被激活,创造的火花可见一斑。

用多媒体图文结合展示这个应用性问题后,将实验装置(左图)放在视频展示台上展示,引导学生观察植物"冒气泡"。然后,学生分小组讨论实验设计方案,各组用视频展示台展示自己的实验设计方案,和全班同学辩论、交流。

教师让学生设计探究"怎样才能增强水草的光合作用"这个真实的问题情境,将科学概念与生活现实相联系,体现"从生活走向科学,从科学走向生活",使学生对所学知识有亲切感。心理学研究表明,当外部刺激引起主体的情感活动时,就更容易成为注意的中心,有利于培养学生探索的兴趣,从而强化理解和记忆。

{设计说明:"怎样才能增强水草的光合作用"的探究实验中植物冒气泡可视性较差,通过视频展示台放大后,大大提高了实验的可视性;视频展示台还为学生之间交流实验设计方案提供了很好的展示和交流的平台,提供师生交互学习的环境。当然用"同屏技术"也可以。}

解决真实问题2:叶脉是运输水的结构,你能根据这个实验原理,设计实验证明水是光合作用的原料吗? 你也可以设计实验探索其他问题。(课后完成)

{设计说明:教师通过"光合作用电子书包"开发了光合作用发现史课程,为学生展示了科学家蕴含理性之美的经典实验,不仅激发了学生的学习兴趣,还引导学生从经典实验中挖掘、学习科学巨匠独到的科学思想和科学方法。为了有利于学生真正理解实验设计方法,教师采用"螺旋式教学法"——海尔蒙特实验的排除干扰因素、普利斯特利实验的排除干扰因素和设置对照实验、英格豪斯实验的控制单一变量和设置对照实验、恩吉尔曼实验的巧妙选材以及创造条件显性化实验现象等,使学生在课堂中多次接触具有启发性的实验设计方法,建构起光合作用概念理想模型,并获得自信。最后,通过开放的发散思维建立假设,综合所学的知识和技能当堂模仿设计并解决真实生活问题的基础上巩固、迁移概念,从而获得满意感。}

(加涅认为学生学习的结果能使其才能发生相对持久的变化,而设计实验方案又是高级的智慧技能,需要组合若干规则解决复杂问题,学生不是一朝一夕就能掌握的,需要多次进行变换情境练习才能逐步达到自动执行的程度。)

师:我们要学科学,更要做科学。下表列举了有关光合作用的七个活动例子,课外请任意选择一个活动以发展你自己的智能。

发展智能的活动	建议进行的活动
语言智能	搜集近年来有关光合作用研究的新进展,写一篇关于光合作用的短文
数理逻辑智能	叶脉是运输水的结构,你能据此设计实验证明水是光合作用的原料吗?

（续表）

发展智能的活动	建议进行的活动
视觉空间智能	用概念图表达光合作用的过程及条件
身体运动智能	以角色扮演解释光合作用的过程
音乐智能	以旧曲新词宣扬光合作用的重要性
人际交往智能	小组讨论光合作用原理在生活中的应用
自我反省智能	自我反思怎样利用植物减少污染和美化环境

第二节　"任务驱动式"课堂样态的应用课例

一、聚焦挑战性任务的"任务驱动式"课堂样态范式之应用

（一）范式内涵

主要汲取首要教学原理、ARCS 动机设计模型等理论的精髓,开发了聚焦挑战性任务的"任务驱动式"范式,如图 8-3 所示。

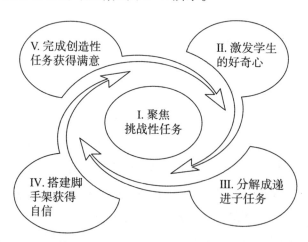

图 8-3　聚焦挑战性任务的"任务驱动式"课堂样态范式

（二）范式解读

Ⅰ.聚焦挑战性任务。设置真实性和批判性的问题情境,学生的学习积极性被充分激发,自觉介入到复杂任务中,探索运用高阶思维技能去完成任务,从而驱动复杂任务的完成。

Ⅱ．激发学生的好奇心。动机设计模型第一个要素就是要激发和维持学生的注意力,教师在教学中要通过利用新颖的、惊奇的、不合理的、不确定的问题来激发学生的注意力,通过丰富多彩的任务来维持学生的兴趣。

Ⅲ．分解成递进子任务。赖格卢斯的精细加工理论认为,第一个任务应该以最简单的形式呈现,后续任务的复杂性则依次增加。即在设计中建构主体性知识,帮助逐步学会解决问题或完成任务。

Ⅳ．搭建脚手架获得自信。真实学习理论认为,在真实的学习情境中,学习者要解决的是结构不良的复杂问题,需要为其提供"脚手架"。教师需要洞察学生的困难,搭建针对性的"脚手架",保证每个学生都有成功的体验。

Ⅴ．完成创造性任务获得满意。动机设计模型强调,要提供在真实情境中运用新获得的知识技能的机会。将概念应用于多个情境中,让学生在完成复杂或创造性任务实践中,获得满意度的持续提高。

（三）范式应用

【课例8.3】

"杠杆"概念的新课教学①

【核心概念】

4. 能的转化与能量守恒

【学习内容与要求】

4.1 能的形式、转移与转化

7~9年级:④知道常见的简单机械(杠杆、滑轮、轮轴、斜面等)的特点,并用它们解释一些生活实例。

【教学提示】7~9年级:在杠杆的各种省力或费力问题情境中,研究杠杆的平衡条件。

【教学目标】

1. 通过辨认生活工具、装置中的杠杆,知道杠杆是一种简单机械,能应用杠杆模型去分析生活中和人体上的杠杆的作用。

2. 通过大量的实例归纳出"杠杆"的概念,学会用模型法建立"杠杆"模型。

---

① 陈锋,基于以任务为中心的初中物理概念教学的高效设计[J],物理教学,2014(7).

3.通过探究体验动力臂和阻力臂,学会通过小组合作学习完成复杂任务。

4.认识简单机械的使用对社会发展的作用,树立学好科学使人类生活更美好的信念。

【教学思路】

根据我们调查和访谈,了解到小学教学普遍注重让学生先在各类杠杆类工具的实物图上找出用力点、阻力点和支点三个点的位置,然后再依据"用力点到支点的距离"和"阻力点到支点的距离"来判断杠杆是否省力,属于什么类型的杠杆。

为此,初中须激活学生的前概念"杠杆有支点、用力点和阻力点",聚焦挑战性任务——认识"杠杆"的科学概念,并将其分解成六个由浅入深、序列化的可操作的任务。教师引导学生通过观察、体验日常生活中杠杆类工具,讨论归纳杠杆的概念,探究"动力臂"和"阻力臂",接着在实物图上画出杠杆的五要素,从而建立杠杆的模型,能应用模型去分析生活中的简单机械,最后迁移"杠杆"概念模型去分析生活中和人体上的杠杆。

【教学过程】

Ⅰ.聚焦挑战性任务

在生活中常见杠杆中,找到小学科学教材中的"杠杆的支点、用力点和阻力点",并分析三点位置有什么不同?使用杠杆有什么好处?如何使用好杠杆?大家使用一下。

Ⅱ.激发学生的好奇心

任务一:同学们利用提供的工具把木块上的钉子拔出来,发现其中最省力的工具。

教师让每组学生利用桌上尖嘴钳、老虎钳、羊角锤等工具,体验把木块上的大量钉子拔出来,发现羊角锤拔钉子最省力但不知为什么?——为后续教学留下学习兴奋点和疑问点;然后,教师让学生分析几张古今简单机械图片,引导归纳出机械的特点。

Ⅲ.分解成递进子任务。

任务二:找出以下三幅图中工具的共同点,尝试归纳出杠杆的概念,再举出杠杆的例子。

（1）用木棒撬动巨石	（2）游乐园里小朋友玩跷跷板	（3）农民用压水机从井里取水

通过看图比较,总结出其共同点:杠杆是硬的(软的不行,直的弯的都可以);工作过程中都在转动;转动过程中有一点固定不动;工作(转动)时都要受到两个力的作用。从而归纳出杠杆的概念:一根硬棒如果在力的作用下,能绕固定点转动,这根硬棒就叫杠杆。然后要求学生根据杠杆定义,从生活生产中熟悉的器械中列举杠杆的实例。

{设计意图:这样的设计训练学生从复杂多变的工具中抽象出杠杆的模型,培养了学生抽象思维的能力,学习了"模型法"这种科学方法。}

Ⅳ. 搭建脚手架获得自信

任务三:探究"怎样用最小的力撬动大石块"。

教学程序:①让学生讨论提出假设:力的大小与两点(支点与力的作用点)的距离、力的方向等有关;②然后提供铁架台、细线、钩码、弹簧秤等器材(如图所示),让各小组做如表所示的探究实验。

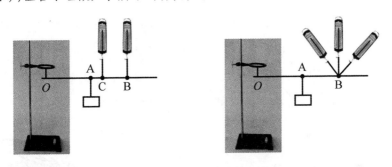

实验序号	拉力作用点	拉力方向	力的大小（N）
1	C	竖直向上	
2	B	竖直向上	

（续表）

实验序号	拉力作用点	拉力方向	力的大小(N)
3	B	斜向上(偏左)	
4	B	竖直向上	
5	B	斜向上(偏右)	

让学生通过实验,分析讨论1、2可得出结论:杠杆水平放置时,如果力的方向不变,动力的作用点到支点的距离变大,动力可以变小;分析3、4、5可得出结论:杠杆水平放置时,如果力的方向不变,动力的作用点到支点的距离保持不变,竖直向上时所需的动力最小;最后综合得出结论:杠杆的作用效果与力的大小和"支点到动力作用线的垂直距离""从支点到阻力作用线的垂直距离"有关,即与力的大小和"动力臂""阻力臂"有关。

任务四:标出杠杆的五要素,建立"杠杆"模型。

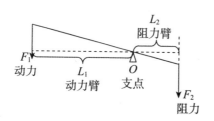

{设计意图:教师用字母规范表示杠杆的五要素——顺向正迁移小学学过的杠杆的支点、及本节课的动力臂、阻力臂,引导学生建构"杠杆"模型;然后让学生练习画出"任务二"中三种杠杆的五要素,巩固了杠杆概念,通过画图理解"任务一"中羊角锤拔钉子最省力的原因,进一步激发了学生学习的兴趣。}

任务五:应用"杠杆"模型,分析指甲钳、垃圾桶等中的杠杆。

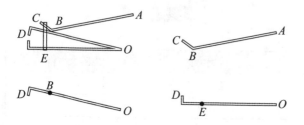
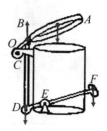

杠杆广泛存在,给人类生活提供了大量便利。如,教师给各组提供作为生活器具的杠杆——如指甲钳、小型垃圾桶,让学生分析其上分别有多个杠杆;然后,让学生交流讨论,举出生活中由杠杆组成或组合的简单机械,如,筷子、秤、剪刀等等。

Ⅴ. 完成创造性任务获得满意

任务六:拓展应用"杠杆"模型,分析人体中的杠杆。

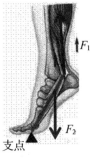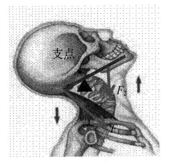

{设计意图:教师引导学生将理想化的"杠杆"模型,拓展应用于分析手臂上、脚部、头部的杠杆,学以致用,迁移科学概念使学生感受到科学的魅力:学好科学能更好利用人体中的杠杆,使人类生活更美好。}

课后拓展性任务:两个应用性任务,其中任务二为选做的。

任务一:在家用"开瓶器"去开次啤酒瓶、汽水瓶或葡萄酒瓶,体验杠杆的五要素,画出简图,下节课交流。

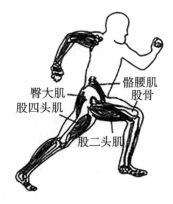

*任务二:除上述三个部位之外,在人体中还有多处杠杆。请看图,就某些简单动作(如奔跑、弯腰、仰卧起坐)分析,它们是怎样发挥作用的?并请同学们相互讨论:怎样才能更好地使用人体中的杠杆?

{设计意图:学生在完成任务一时,发现家用开瓶器各种各样,故在课外完成任务过程中,通过画杠杆分析图,不知不觉应用了"双重编码"策略,进一步体会到生活中杠杆的多样性,巩固并迁移应用了"杠杆"的概念和模型。任务二较难、选做,让学生远迁移运用"杠杆"的概念和模型,通过分析学生人体常见活

动,学以致用,充分体会:深刻理解杠杆知识才能更好发挥人体杠杆的功能,从而达到欣赏科学的目的。﹜

【课例8.4】

<h2 style="text-align:center;">"机械能"概念的复习课教学①</h2>

【核心概念】

4. 能的转化与能量守恒

【学习内容与要求】

4.1 能的形式、转移与转化

7~9 年级:②了解动能和势能的影响因素,知道动能和势能可以相互转化以及机械能守恒的含义。

【教学目标】

1. 通过复习动能、重力势能、弹性势能的影响因素及各能量间的相互转化,初步形成能量转化与守恒的观念。

2. 通过利用实验设计、实例分析等方法,培养学生的逻辑思维能力,发展学生的分析、概括的能力。

3. 通过分析山路整改的各个方案,学习类比法、转换法、模型法、控制变量法等科学方法在实践中的应用,提高观察分析、探究实践能力。

4. 通过构建轻松和谐的课堂环境,让学生利用所学知识解决实际问题,激发学生的求知欲,树立科学让生活更美好的观念。

【教学思路】

本课以聚焦挑战性任务的"任务驱动式"课堂样态范式为指导,从真实情境长陡坡车祸事件出发,引出真实问题如何对山路进行整改,转化成科学问题——如何减少山路上汽车的动能。以山路整改方案设计为明线,以能量转化与守恒的这个观点为暗线,从①聚焦复杂任务②激发学生的好奇心③分解成递进任务④搭建脚手架⑤完成创造性任务五个方面入手,设置环环相扣的任务链,将知识结构化,拓展了学生思维的广度和深度。

---

① 徐苗娟、陈锋.素养导向的任务型复习课研究[J].物理教学探讨,2023(8).

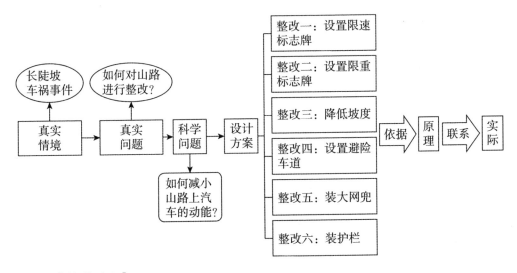

【教学过程】

一、课前准备

课前进行诊断性评价,对"探究动能大小影响因素"的实验再分析,见下图,该图来自现行浙教版初中科学教材九上第3章。

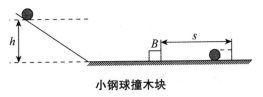

小钢球撞木块

引导学生思考:(1)实验研究对象、研究目的是什么?(2)小球动能大小与什么因素有关?(3)实验过程中小球动能是在变化的,我们研究哪一点的动能?(4)B点小球的动能是从哪里来的?还有其他获得动能的办法吗?(5)此过程中通过什么反映小球在B点的动能大小?还有其他反映办法吗?

{设计意图:诊断性的练习能帮助教师了解学生对机械能知识的掌握情况,又能为学生后续理解"汽车下长陡坡刹车失灵时动能过大"的情况奠定基础。}

二、课中研讨

(一)聚焦挑战性任务,关联生活

任务一:如何对陡峭山路进行整改。播放视频:云南省玉溪大风垭口车祸事件。

｛设计意图:联系生活实际云南玉溪大风垭口 27 公里的长下坡,指出事故反复发生,让学生感受到山路整改的必要性和迫切性。设计思考题"汽车下陡坡时与某一障碍物相撞,这情形与课本中的哪个实验类似",为后面类比作铺垫。｝

（二）激发学生的好奇心,引起注意

任务二:类比实验,感受汽车下陡坡时的能量变化。

假设货车下陡坡时刹车失灵与 B 处障碍物相撞,长陡坡模型图见下图,请思考:(1)下坡过程中,货车的动能是在变化的,我们研究哪一点的动能? (2)B 处货车的动能从哪里来? (3)通过什么反映货车在 B 点动能大小? 总结:汽车下坡时发生车祸比普通平直公路严重的原因是什么?

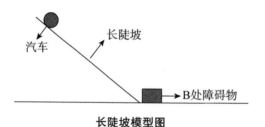

长陡坡模型图

｛设计意图:将斜面类比成长陡坡,小球类比成汽车。类比法的应用更容易让学生理解汽车下坡时损毁更严重的原因是动能过大。学生在解决真实问题"如何对长陡坡进行整改"时自然而然便转化成科学问题"如何减少长陡坡上汽车的动能"。将山路、卡车等用简单的线条和符号来表示,这是模型法的应用,它为"画山路"搭建了脚手架。｝

（三）分解成递进系列,建构知识

任务三:利用模型法,针对汽车下长陡坡时动能过大的问题,讨论画出山路整改方案,使汽车安全行驶(可以用图文结合的形式)。两组学生的山路整改方案见表1。

表1 山路整改方案及解读

学生方案		
方案解读	优点:能够利用模型法表示原来和改进后的山路;会用机械能知识设置限重、限速标志牌和盘山公路。具有一定的生活经验,设置了栏杆 缺点:没有考虑车型不同限速、限重要求不同以及刹车失灵车辆失控时的措施;画面立体感不足,"盘山"不形象	优点:设计了车辆失控时减小动能的一种有效方法——避险车道。还设置具体要求:车道尽可能长、陡,在车道上放石子,使路面尽可能粗糙。说明学生已初步能将理论与实践结合起来 缺点:没有考虑公路上的基本设施、山地的地形地势等对避险车道的影响和车子开上避险车道后依旧没有停下来的补救措施

{设计意图:任务三是一个带着"双重编码"的任务,包括学生独立思考、组内讨论和班内分享三个环节。环节的设置既能够反映学生对知识的掌握情况,又能拓展他们思维的深度和广度。模型法的使用,将复杂的情况简洁化。形成性评价引出学习的证据,及时反馈学生学习过程中的问题,促进他们进入互助、互学的模式,从而成为课堂的主人。}

(四)搭建学习脚手架,运用新知

任务四:联系生活实际,小组讨论,将山路整改方案具体化。可以从设置时需要考虑的问题、材料的选择或策略改进等方面考虑。学生细化方案设计见表2。

表2 山路整改细化方案

整改策略	联系实际	整改依据	细化方案
1. 设置限速标志牌	马路上有大货车、客车、小汽车等不同车型,设置限速标志牌时需要考虑车型吗?	速度越大。动能越大。交通安全法规定:机动车在下陡坡时速度不得超过30千米/时	小汽车=30千米/时,客车、货车<30千米/时

（续表）

整改策略	联系实际	整改依据	细化方案
2. 设置限重标志牌	危桥、县乡道路和黄河大桥(限重49 t,单轴重13 t)限重不同;一辆货车总重45 t有3根轴,不能过黄河大桥	质量越大,动能和重力势能越大;单轴重指每一根车轴所承担的质量。超过单轴重即该车超载	需要考虑道路荷载情况和单轴重
3. 降低坡度	生活中降低坡度有多种办法	物体被举高的高度越小,重力势能越小	修成盘山公路
4. 设置避险车道	许多车辆依旧会冲出避险车道,坠入山箐。避险车道怎样设置能够更好地发挥作用?	①②增加物体被举高高度,使更多的动能转化成重力势能;③增大摩擦使动能转化成内能;④增大形变程度,动能转化成弹性势能	①车道尽可能地加长(受山体地形地势局限);②坡稍陡一些(30—50度之间);③车道上铺满细沙、鹅卵石和碎石块,翻松成波浪形;④末端设置柔性阻挡物。如废旧轮胎和泡沫板
5. 装大网兜	大网兜应该选择怎样的材料?为什么?	增大形变程度,使动能转化成弹性势能和内能	弹性好。韧性强的材料
6. 装护栏	制车失灵时,司机可以利用护栏减小动能	动能转化成内能	让车沿着护栏刮蹭

[设计意图:开放性的设计,体现了"学为主体"的思想,学生思维的活跃性和能动性空前高涨。理论联系实践的教学方式,巧妙地将机械能和其他形式的能联系在一起,不仅提高了学生学习的兴趣,还锻炼了他们利用知识解决实际问题的能力,培养核心素养的目标真正落地。]

（五）完成创造性任务,强化提升

任务五(1):根据会议研讨结果,修正你的山路整改方案。学生修正前后的整改方案见下页图。

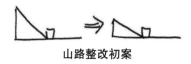

山路整改初案　　　　　　　　　　山路整改终案

任务五(2)思考:①从能量的角度出发分析长下坡时汽车制动过热的原因。②作为初中生,在安全出行方面我们可以做什么?

{设计意图:下图是视频中的内容,需要结合摩擦力和能量转化的知识解答,综合性较强,可体现让科学融入生活,增强学生的社会责任感,树立科学的价值观。}

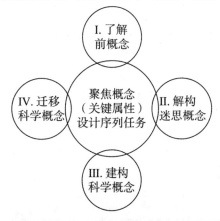

玉溪长陡坡警示牌

二、聚焦概念转变任务"任务驱动式"课堂样态范式之应用

(一)范式内涵

主要汲取概念转变理论、首要教学原理、真实性学习及变易理论的精髓,开发了以下聚焦概念转变转变任务的"任务驱动式"课堂样态范式,如图8-4所示。

```
        Ⅰ.了解
        前概念

Ⅳ.迁移      聚焦概念      Ⅱ.解构
科学概念    (关键属性)     迷思概念
            设计序列任务

        Ⅲ.建构
        科学概念
```

图8-4 聚焦概念转变任务的"任务驱动式"课堂样态范式

运用本范式,教师要聚焦概念(关键属性或内涵外延)设计序列任务。通过探测认知结构,激活旧知,充分了解前概念;通过引发认知冲突,展示新知,解构迷思概念;通过解决认知冲突,充分利用批判性和创造性思维等高级思维建构科学概念模型;最后,通过科学概念模型解决真实问题,并在此基础上迁移科学概念解决现实世界中的新问题,达到深度理解。

(二)范式解读

教师要聚焦概念,针对其关键属性设计序列任务,即给学习者的任务需要符合学习者的认知发展规律,如先易后难等,形成一个完整的任务序列,引导学生经历首要教学原理的激活旧知、示证新知、应用新知、融会贯通等四个学习阶段,完善理解概念的内涵和外延,促进概念的转化迁移。

Ⅰ.了解前概念。教师可选择适当的概念评测工具(二段式测验、访谈法、概念图法和关系图法等)了解学生关于所学概念的朴素见解,充分探测出学生的认知结构,以便激活旧知,找准概念的关键转化点,设计针对性的任务课程。

Ⅱ.解构迷失概念。通过实验或生活实例,引导学生认识到其前概念与科学概念之间的矛盾,引发认知冲突,使学生产生对前概念的不满,从而为教师展示新知奠定基础。

Ⅲ.建构科学概念。教师通过设计实验或让学生参与实验等方法,使新经验对已有经验加以改造,又通过类比和模型等科学方法的应用,证明科学概念的可理解性和合理性,顺利解决认知冲突,并通过概念间的内在联系,重构科学概念。

Ⅳ.迁移科学概念。通过应用新概念模型,体验到新概念的有效性,顺利达成波斯纳等的概念转变的四个条件,并通过让学生反思、讨论真实问题以巩固科学概念,从而促进科学概念迁移以解决现实世界的新问题。

(三)范式应用

【课例5】

"分子"概念的教学设计①

【核心概念】

1.物质的结构与性质

---

① 陈锋.初中科学促进概念转变的概念教学范式研究[J].教育参考,2017(4).

【学习内容与要求】

6 物质由微观粒子构成

7~9年级:知道已知的绝大多数物质是由分子、原子、离子等微观粒子构成的,认识这些微观粒子的基本特征。

【教学策略建议】7~9年级:可引导学生用直观的模型表示分子的构成与原子结构。

【教学目标】

1. 通过实验知道分子是构成物质的一种微粒,知道分子之间存在间隙,分子在不停地做无规则运动,分子之间存在力的作用;能用分子概念解释生活中的扩散现象。

2. 通过利用模型法理解"分子之间有空隙",用实验法说明"不同状态分子间的间隙不同";通过实验设计和生活实例,用归纳法得出物质三态的分子间隙。

3. 通过实验理解分子之间有间隙,并能列举反映分子之间有空隙的证据;能用事实说明气体分子之间的空隙比固体和液体的大得多,能用实验来说明分子运动的剧烈程度与温度有关;学会科学探究的假设和猜测;通过对实例和实验的观察、对比,提高分析、概括的能力。

4. 养成探索微观世界的兴趣;通过讨论和交流,养成合作学习的意识和态度;形成严谨求实的实验态度和探求真理的科学态度。

【教学思路】

本节课内容往往是学生进入初中之后接触到的第一堂微观概念的课。对七年级学生来说,他们刚从小学进入初中,思维层次还大多停留在以形象思维为主,抽象概括能力较弱,因此接受起来会有一定的难度,所以通过实验以及丰富的生活实例,让学生从生活中的具体事例出发,以观察实验为基础,突出观察和实验在科学学习中的重要地位,使学生对所学知识产生兴趣和亲切感。

于是,我们应用聚焦概念转变任务的"任务驱动式"课堂样态范式,通过"了解前概念(探测认知结构,激活旧知)→解构迷失概念(通过引发认知冲突,展示新知)→建构科学概念(通过解决认知冲突)→迁移科学概念(通过应用新知解决现实世界问题)",达成对分子概念的深度理解。

【教学过程】

Ⅰ.了解前概念(通过探测认知结构,激活旧知)

任务1:通过讨论,画出头脑中的"分子世界"。

教师巡视,遴选并展示代表性的"分子世界"图。

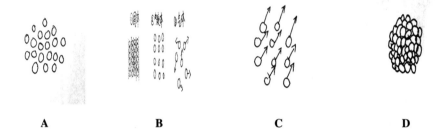

A   B   C   D

A同学说:"我猜想的分子世界中,分子是一个个的小圆球,大小应该是差不多的,所以我画了这样一张分子世界图。"

B同学说:"我觉得固体、液体的分子是不会运动的,气体分子是可以运动的,因为我们平时看到的固体和液体放在容器中都是不动的,但是气体我们可以闻到气味,所以我认为固体和液体的分子都是静止的,气体的分子是运动的。"

C同学说:"我认为分子可能是还会运动的,比如说水泼出去,那么水分子就动起来了,都向前运动了,所以我认为可能分子是会运动的,会向某一个方向运动。"

D同学说:"我认为分子应该是紧密地结合在一起的。我们平时看到的物体,比如一块冰糖,非常的密实,一块冰也是没有丝毫的缝隙,所以,我认为分子是紧密结合在一起的。"

教师通过让学生画出猜想的分子世界,激活学生头脑中的旧知,暴露出分子已成为学生头脑中的迷思概念,为此引导学生产生多个猜想:

猜想问题一:分子可能很小?

猜想问题二:分子之间可能有空隙?

猜想问题三:分子可能是运动的?

——从而为建构科学概念的任务课程找到设计的出发点。

Ⅱ.解构迷失概念(通过引发认知冲突,展示新知)。

(一) 解决学生猜想问题一:分子可能很小?

任务2:深度观察蔗糖。

任务2.1:用放大镜观察一块方糖并描述现象;(学生说:看到小颗粒)

任务2.2:碾碎后再用放大镜观察并描述现象;(学生说:看到蔗糖粉末)

任务2.3:将碾碎的蔗糖粉末放入水中,继续用放大镜观察并描述现象。(学生说:无法看到蔗糖粉末,似乎消失了。)

引发学生认知冲突:蔗糖到哪儿去了呢?(学生通过日常生活经验知道糖水有甜味,说明蔗糖在水中并没有消失,其实它是以一种很小的微粒分散在水中,这种微粒就是分子,在糖水中,因为有了蔗糖分子,所以才是甜的。)同时,激发了学生的学习兴趣。

教师通过实验层层递进地深度观察蔗糖,让学生逐步找到分子概念的一些关键属性,为完善概念的关键属性做好铺垫。而且,通过实验可以让学生有直观的体验,为他们最终建立完整的分子概念奠定扎实的感性基础。

任务3:观看"水分子"视频。

通过视频了解水分子很小,比细胞要小得多,并且知道分子是构成物质的一种微粒,很多物质是由分子构成的。不同的物质由不同的分子构成,蔗糖由蔗糖分子构成,水由水分子构成,酒精由酒精分子构成。

教师强调:但并不是所有的物质都是由分子构成的,构成物质的微粒还有原子、离子等,例如,铁是由铁原子构成的,这些微粒将在以后的学习中陆续地学到。

任务4:根据以下事实,归纳分子的主要特征之一。

科学事实1:一滴水中有100000000000000000000个水分子。

科学事实2:倘若把水分子放大到乒乓球一般大,犹如乒乓球放大到地球。

科学事实3:扫描隧道显微镜放大几百万倍可以看到一些较大的分子。

教师通过视频和科学事实,让学生知道分子只是构成物质的一种极其微小的微粒,此外还有其他构成物质的微粒。其变易图式如下:

不变	变	审辩
构成物质的微粒	分子、原子、离子	不同物质由不同的微粒构成

(二)解决学生猜想问题二:分子之间可能有空隙?

任务5:学生动手做黄豆和芝麻混合的模拟实验。

在模拟实验的基础上,类比说明分子之间是存在间隙的。

教师追问:那么两种液体混合呢?——学生猜想总体积也会减小

任务6:借鉴以上实验,设计水和酒精的混合实验验证猜想。

教师问:50+50=100?这个等式成立吗?教师同学生一起做以下的演示实验。

同时,教师引导学生感悟:要增加对照实验设计,以体现实验的科学性!

任务7:结合水分子和酒精分子的科学数据,讨论建立以上混合实验的解释模型。

教师提供科学数据:一个水分子的体积约为$3×10^{-23}$厘米^3,一个酒精分子的体积约为$9.55×10^{-23}$厘米^3。

引导学生用以下模型解释。

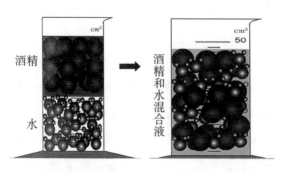

任务8:学生设计实验说明"不同状态分子间的间隙不同"。

学生设计出实验:①推压两只装同体积水和空气的大针筒,②挤压两只装满水和空气的矿泉水瓶,等等。

通过实验知道分子间存在间隙,并审辩出:不同状态分子间的间隙不同。

不变	变	审辩
分子之间有间隙	状态不同	不同状态分子间的间隙不同

(三) 解决学生猜想问题三:分子可能是运动的?

任务9:喷在教室前面的香水,每人闭眼闻到即举手。小组讨论后再举出生活中类似的例子。

引导学生在体验学习基础上理解:气体分子"扩散"是广泛存在的。

教师播放视频:空气和二氧化氮混合实验。

任务10:设计实验说明"液体能扩散,且与温度有关"。

教师请两位学生演示对比实验:用针筒将红墨水同时注射到热水与冷水中。

冷水   热水

学生举出固体扩散的生活实例:堆煤的墙角,时间久了墙里面也会变黑。

通过气体和液体扩散实验及固体扩散实例,说明了:分子在永不停息地做无规则运动,其变易图式如下:

不变	变	审辩
分子在运动,与温度有关,扩散现象	不同状态运动速度不同	温度越高,分子运动越剧烈,扩散越快

Ⅲ. 建构科学概念(通过解决认知冲突)。

任务 10:对分子特征进行归纳总结。

教师与学生一起将板书加工为:

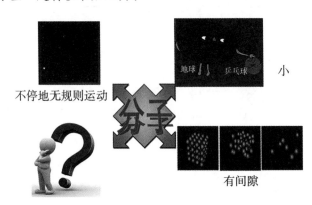

教师运用双重编码策略对分子概念的进行加工,起到"纲要信号"作用,从而促进建构科学的分子概念,同时图中的"?"为下一节课分子运动论的其他观点(分子之间存在引力和斥力)学习留下伏笔。

任务 11:根据今天分子概念的学习,讨论并修正刚才画的"分子世界"

教师巡视,遴选并展示修正过的"分子世界"图,并让学生谈学习收获:

A 同学:经过今天这堂课,我知道了分子是构成物质的一种微粒,它非常小。不同的物质是由不同的分子构成的,而不同的分子形态、体积也可能是不同的。

B、C 同学:原来分子是会运动的,任何状态,任何时候它都在运动,而且并不是向同一个方向运动的,而是向上、向下、向左、向右、向前、向后……都有,是向四周各个方向作出的一种无规则的运动。

D:从酒精和水混合的实验我们知道了,不同的分子大小是不一样的,而且分子与分子之间是有空隙的,只不过这样的空隙我们是观察不到的。

教师让学生运用新掌握的分子科学概念,修正自己的前概念的认知图式,可建构起正确的科学概念图式,促进概念的巩固。

Ⅳ.迁移科学概念(通过应用新知解决现实世界问题)。

任务12:运用分子的观点解释下列生活现象

(1) 蔗糖放入热水里,很快整杯水都变甜了。

(2) 啤酒放在冰箱冷冻室里,瓶子常会爆裂。

教师通过让学生反思、讨论和应用分子科学概念解决现实世界的新问题,促进分子科学概念的迁移。

第三节 "项目学习式"课堂样态的应用课例

一、"优化新知课程"的学科项目学习范式

项目化学习是形成素养必需的学习方式。它强调让学生在基于核心知识创设的问题情境中完成活动任务,以高阶学习带动低阶学习。实现知识逻辑、活动逻辑与生活逻辑的有机统一。但是在初中阶段,需要多节课或延伸到课外的项目学习并不完全符合现今的真实校园情况,要使项目学习在现实学校里真实"发生",让尽可能多的学生心智自由地发展科学课程核心素养,围绕核心(重要)概念优化新知课程,开发1—2课时的微项目学习是一种更实际的做法。

(一) 范式内涵

"优化新知课程"的学科项目学习,须择取项目化学习中的真实情境、驱动型任务、探究性实践、社会性实践等若干要素,助力学生理解课程标准要求的核心(重要)概念,培养理性思维、批判质疑和勇于探究的科学精神等,并以此为基础体验创见、实验等高阶认知策略,从而有效地养成相关的科学课程核心素养。以下是给予学生更多心智自由的基于真实情境的范式。如图8-5所示。

图8-5 "优化新知课程"的学科项目学习范式

（二）范式解读

Ⅰ.展示真实情境。根据课程标准要求确定素养目标,整合学生已有基础确定学习目标,展示蕴含目标的真实情境,情境创设上要遵循真实性、问题性和适切性原则。

Ⅱ.提出驱动问题。基于真实情境,提出能够组织、激发学生开展学习和探究,以实现目标及促进学生素养发展的、可操作且有意义的驱动型问题,启动项目学习。

Ⅲ.设计项目方案。根据目标引导学生共同讨论,设计出包含实验、制作等多种学习实践活动的行动方案,以经历蕴含高阶认知策略的、高质量的项目学习。

Ⅳ.开展项目实践。根据方案开展实验等探究性实践,倾听、讨论等社会性实践及设计、制作等技术性实践等多种实践,获得问题解决、决策等高阶认知策略的体验。

Ⅴ.展示评价成果。通过各小组展示作品、相互从效果、可行性、成本等多方面评价,经历审美性实践、社会性实践,进一步获得系统分析、创见等高阶认知策略的体验。

Ⅵ.反思修正项目。通过反思,经历根据评价调整、迭代升级设计方案等调控性实践,促使学生的批判性思维和创造性思维等高阶思维得以提升。

（三）范式应用

【课例6】

"细胞"概念的项目教学①

【核心概念】

5.生命系统的构成层次

13.工程设计与物化

【学习内容与要求】

5.3 细胞是生物体结构与生命活动的基本单位

7~9年级:⑧识别细菌、动物细胞、植物细胞。⑨举例说明细胞是生物体结

---

① 乔儒,陈锋.初中科学教学设计指导——问题解决、任务驱动[M].杭州:浙江大学出版社,2022.

构与生命活动的基本单位;描述细胞的基本结构及其功能,运用细胞结构及其功能的知识解释某些生命现象。

13.3 工程是设计方案物化的结果

7~9年级:④知道工程需要经历明确问题、设计方案、实施计划、检验作品、改进完善、发布成果等过程;利用工具制作实物模型,尝试应用科学原理指导制作过程,根据实际反馈结果,对模型进行有科学依据的迭代改进,最终进行展示。

【教学目标】

1. 通过使用显微镜观察动物和植物细胞,并制作细胞模型,明确细胞基本结构及功能及识别动物细胞和植物细胞,初步形成结构与功能相适应的观念。

2. 通过模型建构等科学方法,明确动物与植物细胞模型的主要区别;重温历史上科学家的探究过程,培养获取信息的能力和解决问题的能力。

3. 通过显微镜下细胞结构的观察,归纳出动植物细胞的不同;在制作细胞模型的实践中,认识细胞的基本结构。

4. 通过合作、交流、研讨,养成合作学习的意识和态度;通过细胞发现史的学习,感受科学的发展往往需要付出几代人的共同努力,是一个长期的过程;深化对科学的认识,体验孜孜不倦的科学精神,培养坚持不懈的科学精神。

【教学过程】

Ⅰ. 展示真实情境。

教师:大家对细胞有一定的认知,那么老师所展示的这幅显微镜下的物体图片,到底是不是细胞?

教师通过展示显微镜下的动植物细胞,引出真实问题:细胞具有什么样的基本形态结构?

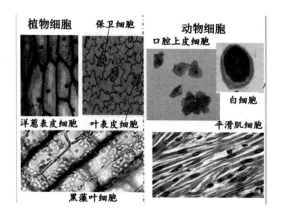

Ⅱ. 提出驱动问题。

教师展示课前预学任务"请画出你心目中的细胞(细胞模型 1.0 版)"的成果(以下图),引出学生各种各样关于细胞的前概念。

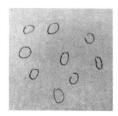 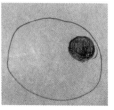 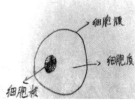 

提出驱动性问题:同学们,你们真正认识动物或植物细胞吗?

今天我们就像科学家那样,去认识各种细胞的形态结构,并在充分认清的基础上,制作一个细胞模型。

{设计意图:通过让学生画出头脑中的细胞,激活学生头脑中的旧知,暴露出学生头脑中关于细胞的迷思概念,为此引导学生产生多个猜想:猜想问题一:细胞可能很小,猜想问题二:细胞内有结构,猜想问题三:各细胞结构有差异。此外,通过判断"以上物体到底是不是细胞?",引出判断需要证据支持,希望通过细胞的学习都能有依据地来判断和说明。}

Ⅲ. 设计项目方案。

任务 1:利用放大镜、显微镜等仪器观察软木塞,描述看到的结构。

教师播放演示视频:用复式显微镜观察软木塞切片,看到了一个个蜂窝状的小孔。教师指出:这就是胡克的发现,胡克借助自制显微镜看到的软木片是由许多个蜂窝状的小室构成的,于是他将这种小室命名为 Cell 即细胞。进一步提出想看到更精细的结构,该怎么办?学生建议用放大倍数更大的显微镜。

教师提供细胞发现史:在胡克发现细胞以后的近 200 年间,科学家用显微镜广泛地观察和研究各种生物。科学家列文虎克一生当中磨制了超过 500 个镜片,并制造了 400 种以上的显微镜,其中只有 9 种至今仍有人使用。1673 年,列文虎克详细地描述了他对人、哺乳动物、两栖动物和鱼类等红细胞的观察情况,并把它们的形态结构,绘成了图画。1677 年,列文虎克同他的学生哈姆一起,共同发现了人以及狗和兔子的精子。1831 年,英国科学家布朗发现了植物细胞内有细胞核等科学史。

{设计意图:通过阅读细胞发现史,让学生领悟到随着科学技术的不断进步,人类才一步一步认清细胞的面目,体现了科学本质。}

任务 2:用显微镜观察多种动植物装片和实物切片,归纳出动物和植物细胞的共同特点。

教师让学生用显微镜观察洋葱表皮细胞、蚕豆叶下表皮细胞、黑藻叶细胞、人的口腔上皮细胞、平滑肌细胞等多种动植物装片和实物切片,再展示电子显微镜下以上不同形态的动植物细胞的图景。

然后,让学生讨论、归纳并画出具有共同特点的动物和植物细胞。

{设计意图:通过教师演示显微镜下的软木塞切片,为学生猜想—"细胞小"提供依据,同时从放大镜到各类显微镜的技术发展线,让学生体会到科学知识的进步催促科学技术的进步,而科学技术的进步促进科学科知识发展,从而体现科学与技术相结合的理念。}

Ⅳ. 开展项目实践。

任务 3:根据细胞结构图,用橡皮泥捏出动物细胞和植物细胞的模型(细胞模型 2.0 版)。

要求:①四人小组为单位,观察、分析、归纳出动物细胞或者植物细胞结构上的共性;②建构一个动物细胞模型或植物细胞模型。(提示:可用不同器材、不同颜色表示不同结构,突出结构的特性。)

Ⅴ. 展示评价成果。

展示环节:大部分组的细胞核心是用鲜艳色橡皮泥(红、黄等)制成的圆,与背景差异大,学生的理由是细胞核是细胞生命活动的控制中心,一定要凸显。有的组在细胞外面制作一层很薄的细胞膜,理由是既体现保护作用又要让物质能透过等。有的组认为自己的是叶肉细胞要进行光合作用所以加上绿色小颗粒代表叶绿体,有的组依样画葫芦加上液泡,现场提问老师液泡的作用。

在细胞壁和细胞膜的认知上,教师可借助电子显微镜亲自展示细胞质壁分离和质壁分离复原的实验,让学生亲眼观察到细胞壁和细胞膜的存在。

评价环节:让各小组对照以下评价指标开展自评和互评。

{设计意图:根据呈现的动物和植物细胞,让学生观察、讨论、归纳和建构动物细胞和植物细胞模型,并在模型的建构过程中,了解动植物细胞各部分结构和功能,真正理解结构与功能相适应的观念。同时要让学生明确,所建立的模型与原型存在着一定的差距,是从原型中抽象概括出来的,不能真正地代替原型,所以对模型要不断改进甚至替换。}

Ⅵ. 反思修正项目。

任务4:优化改进,建构3.0版细胞模型。

教师指出一般的光学显微镜能将物体放大约1500倍,这只能看清细胞的基本结构,还不能看清更细微的结构。教师介绍随着显微镜的发展,有了电子显微镜和扫描隧道显微镜,对细胞有了新的认识。电子显微镜能将物体放大几百万倍,人们可以清晰地观察细胞,并对已有的猜测进行检验。特别是细胞质中的各种更细微的结构。电子显微镜使人类对生物的认识推进到更微观的层次。

为此,建议:通过观察电子显微镜下的细胞,在原来模型上继续修改完善细胞模型;建构一个既有共性但又有个性化的细胞模型;尝试建立一个立体的细胞结构模型(如下)。

教师最后提问"上课开始时我们见到的那个显微镜下的结构究竟是不是细胞? 请说明理由。"——学生认为不是,理由是没有细胞的一些基础结构。

{设计意图:前后呼应,利用所学知识作为依据来判断细胞真假,进一步培养学生的证据意识。电子显微镜下的细胞结构展示再次体现科学与技术密不可分。体悟科学的发展离不开科学家们坚持不懈地研究。}

【板书设计】

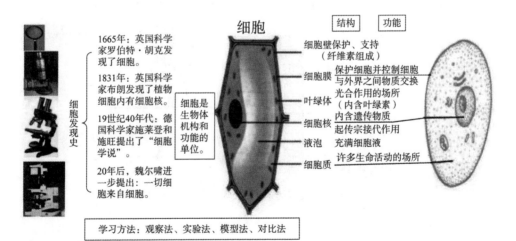

本课的设计主要亮点是以模型建构的项目学习突显了科学思维。即让学生经历模型的更新迭代,从画出前概念中的细胞模型 1.0 版,到根据观察、讨论、归纳,用橡皮泥建构出细胞模型 2.0 版,再到根据本节课学习,重构细胞模型 3.0

版,直至教师呈现电镜下细胞亚显微结构模型,让学生体会到细胞模型的建构随着人类对细胞的认识不断完善修正,而认识的深入离不开技术的发展,离不开我们的思考、质疑、实践。

本节课实现了科学史和技术史的深度融合。从知识层面,知道细胞基本结构及功能,能识别动物细胞和植物细胞难度并不大,但是要落实感受观察工具的使用及发展对提高人类认识自然能力的作用需要巧妙设计。本节课的设计展示了细胞发现科学史与技术史的相关发展线索,简要重历了科学家的研究过程及实践,感悟了科学受到技术发展的巨大影响。

二、"优化复习课程"的学科项目学习范式

(一)范式内涵

如图 8-6 所示,对于科学学科核心概念的学习,教师要根据课标的要求,摆脱教材的局限,积极开发课程。教师聚焦概念性知识,用概念作为聚合器,不断地聚焦更多的知识信息,整合成项目,引导学生在完成项目过程中达成深度学习。学科项目化学习的挑战在于建立学科的知识与真实的生活世界、多种情境之间的联系。其中,工程情境能将科学概念"放还"到应用它可以综合解决科学、技术、工程问题的情境中,在学生设计与动手制作过程中达成深度学习。

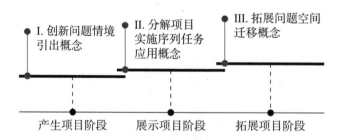

图 8-6 "优化复习课程"的学科项目学习范式

(二)范式解读

Ⅰ.产生项目阶段:创设问题情境,引出概念。通过转化现有的课程材料为问题式的、项目式的情境,形成对学生的学术性挑战,引出重要概念并产生项目。

Ⅱ.展示项目阶段:分解项目实施序列任务,应用概念。将学术性的项目,基于 STEM 等理念分解成由简单到复杂的任务序列,使学生投入包含知识、行

动和态度的"学习实践",引导学生应用概念完成序列任务。

Ⅲ.拓展项目阶段:拓展问题空间,迁移概念。在引导学生自主设计完成任务,交流表达和互评基础上,讨论制定评价量表,帮助解决开放的、跨学科的问题,迁移概念完善作品,达成对重要概念的深度理解。

(三)范式应用

【课例7】

"自制简易光学照相机"的项目教学

【核心概念】

3.物质的运动和相互作用

13.工程设计与物化

【学习内容与要求】

3.3 声音与光的传播

7—9年级:㉓知道光的直线传播,了解相关现象(如针孔成像等);㉔通过实验了解光的反射定律;㉕通过实验了解凸透镜成像特点,能解释相关问题。

13.2 工程的关键是设计

7—9年级:②尝试使用合适的方法,对选定的设计方案进行模拟分析和预测;③依据不同来源的证据、限制条件等因素,从需求层面优化设计方案。

13.3 工程是设计方案物化的结果

7—9年级:④知道工程需要经历明确问题、设计方案、实施计划、检验作品、改进完善、发布成果等过程;利用工具制作实物模型,尝试应用科学原理指导制作过程,根据实际反馈结果,对模型进行有科学依据的迭代改进,最终进行展示。

【教学目标】

1.通过制作简易光学照相机,综合复习运用凸透镜成像等诸多光学原理,初步形成结构与功能相适应的观念。

2.通过光具座理解照相机原理,体验观察、思考、质疑、分析、对比等思维过程,培养科学思维和批判质疑能力。

3. 以制作简易光学照相机为项目,经历发现问题、分析问题、阐述原理、提出修改建议、设计方案等过程,提升探究实践能力。

4. 体验科学的进步不是一蹴而就的,需要人们不断的尝试、研究和实践。

【项目实施过程】

Ⅰ. 产生项目阶段。从课前布置的《自制简易光学照相机》项目及其自主评价、反思与产品推介入项,通过自己制作时碰到的问题和对其他组的评价入手,形成对学生的学术性挑战并思考改进方式。

教师要求:小组展示自制照相机,同时进行自我评价、反思和产品的推介,组间互评。

自制简易光学照相机项目之自主评价与反思

1. 自主评价:请结合以下评价要素以及相应的评价标准,对自己小组合作自制的简易光学相机进行评价。

评价要素	评价标准	评价情况
结构完整	1. 包含光学部分元件(透镜或者小孔)	☆☆☆
	2. 含有呈像部分元件(光屏)	☆☆☆
	3. 含有主机外壳(暗盒)	☆☆☆
功能完善	4. 能够成完整的像	☆☆☆
	5. 所成像清晰、明亮	☆☆☆
	6. 能够清晰形成较远处物体的像	☆☆☆
造型美观	7. 造型简约美观	☆☆☆

2. 制作反思:结合自制相机的自我评价结果以及在制作过程中的疑惑,请将所产生的问题记录下来。

3. 作品推介:请为你做的简易光学照相机(小孔成像照相机)做一个作品推介。

根据各小组的展示,教师汇集了学生的制作反思和疑问:

小孔成像与平面镜成像特点是相同的吗? 自制照相机所成的是倒像,但在市场上所买的照相机却是呈正向,这是为什么? 物体的亮度不够,则无法成像。像很小,是模糊的。不能看到远处物体的像,因不能按动、调节机身改变焦距。

于是,教师提出驱动性问题:如何综合利用初中所有光学知识,解决以上问题,具备市场上光学照相机的所有功能?

——引出项目:小组合作,制作一个功能齐全的简易光学照相机。

Ⅱ.展示项目阶段。通过学生自己的分析分解项目,将学术性的项目(小孔成像;照相机机身的作用及尺寸的设计;改变物体成像大小、像的清晰度;照相机的变焦问题)分解成各任务序列,引导学生应用概念完成任务。

任务一:通过剖析光学照相机实物模型和使用光具座等实践,理解光学照相机的制作原理。

为此,分解出以下一系列问题和任务:

(一) 认识小孔成像相机

问题1:你觉得小孔成像照相机有什么不足之处?

任务1:探索解决进光量不足问题。

任务2:探索解决不能成像问题。

(二) 明确照相机机身制作要求

问题2:机身的作用是什么?

学生:形成一个暗室,内存一个光屏。

问题3:对机身的尺寸有要求吗?

{设计意图:引导学生通过观察、探究、实践,应用并明确成像原理之"照相机成像时像距在一倍焦距和两倍焦距之间"。}

(三) 探索运用凸透镜成像原理

问题4:怎样使物体成像更清晰?

学生:调像距,换不同焦距的凸透镜。

问题5:改变物体成像大小有哪些方法?

学生:减小物距,增大焦距。

{设计意图:引导学生通过观察、探究、实践,应用成像原理之"当物体不动时,调像距或换不同焦距的凸透镜可使物体成像更清晰""减小物距或增大焦距可以使像变大"。}

（四）设计照相机镜头、光圈与快门

问题6：如何解决变焦问题？

引导学生用"水透镜"实验，体验变焦的效果。

问题7：如何解决照片曝光问题？

学生：光圈的作用在于决定镜头的进光量，光圈越大，进光量越多；反之，则越小。

{设计意图：引导学生通过观察、探究、实践，应用工程设计原理之"用合适的方法，对选定的设计方案进行模拟分析"。}

任务二：总结归纳以上问题，画出功能齐全的光学照相机设计图。

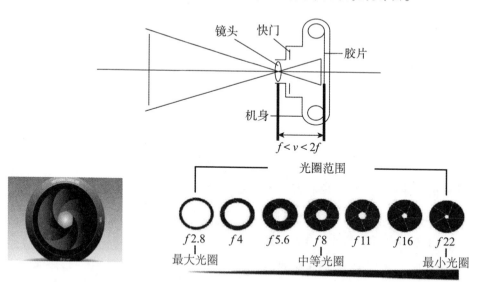

任务三：改进出一款功能齐全、符合各项评价要素的光学简易照相机。

Ⅲ. 拓展项目阶段。通过再次的选材—设计—制作—测试—迭代—展示，加深对凸透镜成像等多个科学原理的理解、应用，感受产品的更新迭代将越来越个性化。

任务四:制作出一款功能齐全、满足个性化需求的光学照相机;制作出一台幻灯机或投影仪。

附:板书设计

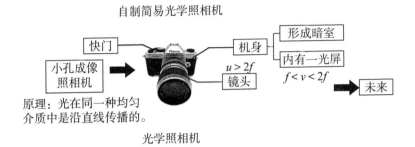

光学照相机

第四节 "单元学习式"课堂样态的应用课例

一、"单元学习式"课堂样态范式的解读

(一)样态范式结构

我们汲取 UbD 理论、真实学习及布卢姆教育认知目标分类学的精髓,根据学生的认知规律和科学学科学习的特点,总结提炼出以下指向深度学习的单元教学设计范式。

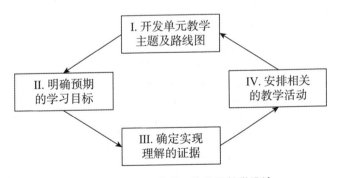

图 8-7 指向深度学习的单元教学设计

(二)范式解读

Ⅰ. 开发单元教学主题及路线图。教师根据课程标准和重要概念确定单元主题,通过分析知识结构提出相应的核心问题,确定每一课时的真实问题(任

务),开发出符合学生认知规律的单元教学的路线图。

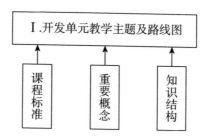

Ⅱ. 明确预期的学习结果。教师调查学生学情、学习需求,根据重要概念的学习进阶,设计一系列真实情境问题,通过问题解决或任务驱动使学生掌握概念相关的核心知识,最终达成概念的运用、分析、评价乃至创造等高阶思维目标或学科核心素养目标。

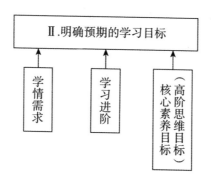

Ⅲ. 确定实现理解的证据。教师引导学生通过真实问题或驱动任务及有效的评估证据,展示反映预期目标的成果,并学会反思和评估自身的学习。

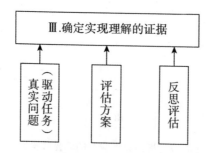

Ⅳ. 安排相关的教学活动。教师要探测学生的已有水平、预测可能的误解,设计一系列高效教学活动,为学生提供应用知识和做出迁移的机会,学生通过"深度学习体验"达到预期的学习结果,从而达成学科核心素养或高阶思维目标。

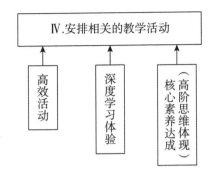

二、"单元学习式"课堂样态范式应用

我们根据课标和深度学习的要义,对教材进行二次开发,重构了以下"大气压强"的教学单元:

【课例8】

"大气压强"概念的单元教学设计

【核心概念】

3. 物质的运动与相互作用

13. 工程设计与物化

【学习内容与要求】

3.1 力是改变物体运动状态的原因

7—9年级:⑧通过实验认识大气压强,知道大气压强的变化及其对生活的影响。

【单元教学目标】

1. 通过举例证明大气压存在的实验现象和生活实例,建立相应的模型,并能用大气压解释有关现象;认识大气压在生活中的各种应用,认识科学技术对人类生活的影响,领会科学本质。

2. 通过大气压的概念的建立过程,提高分析、比较、归纳能力,感受运用抽象思维建立概念的方法;能说出托里拆利实验的原理;能够根据 $P=F/S$ 原理自主设计实验,粗测大气压的大小,拓展大气压大小的测量方法,培养高阶思维。

3. 通过分析生活中的现象,对气体压强的大小影响因素做出猜想,并能设计实验进行探究,提升实验探究能力,数据分析能力等。通过设计制作,发展高阶思维,提升小组合作、项目学习的能力。

4. 初步形成交流、合作以及实事求是的科学态度和勇于创新的科学精神,增强对科学的热爱,激发学习的兴趣。

【单元教学设计路线图】

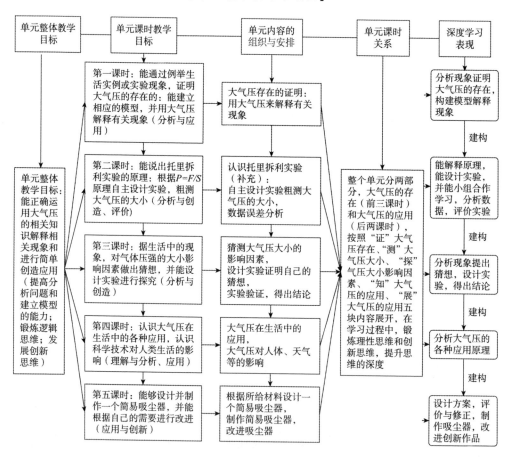

【单元学—教—评设计】

单元内容	学	教	评
1.大气压的存在	任务一:设计实验验证大气压的存在 提供实验器材:玻璃杯、硬纸片、牛奶盒、吸管、薄膜塑料袋、橡皮筋 P1:学生设计实验,并操作 P2:学生上台演示,并作图建立模型 P3:归纳总结大气压的存在 任务二:模拟马德保半球实验 P4:学生们上台拉开两个大吸盘,体悟大气压的存在	小组讨论→设计验证方案→实施方案→作图,建立模型→受力分析→现象解释(小组讨论,互相点评) 多人合作拉开两个"半球"——吸盘,直观体悟大气压的存在,并深刻感受到大气压很大	小组合作交流,展示,组内互评,组间互评 (从实验操作是否正确到现象的原理分析是否正确、操作要点叙述是否到位等角度进行评价) 教师适时介入点评 (学生的语言表达是否到位;是否真正地进行了小组合作;是否有深度学习)
2.大气压大小的测量	任务三:自主学习历史上第一个测出大气压大小的实验——托里拆利实验 P5:说说托里拆利实验的原理 任务四:小组讨论,要测大气压大小的原理是什么? P5:小组讨论、回顾压强公式 任务五:利用所给器材,设计实验粗测大气压的大小 P6:小组讨论,将实验方案用简图或文字描述的方式表达出来,并上台讲述自己小组的方案 任务六:交流评价 P7:各小组对实验方案的可行性、操作要点等进行评价或补充 任务七:各小组进行实验,粗测大气压的大小 (学生交流心得、误差分析)	组织学生自主思考→小组讨论→展示交流→生生互评、启发、引导、纠错等 自主设计→小组交流→统一完善组内设计→组间交流→评价完善→小组实践→误差分析→反思改进,生生互评、启发、引导、完善等	自主学习能力的评价 模型建构与受力分析能力评价 小组合作,实验设计方案表达方式是否合理、可否优化,是否实现真正的小组合作、误差分析是否合理

（续表）

单元内容	学	教	评
3.大气压大小的影响因素	任务八：教师提出问题——大气压大小受到哪些因素的影响？学生根据生活经验，建立猜想。 P8：学生讨论，建立猜想 任务九：设计实验，验证自己的猜想。 P9：小组讨论，设计方案 任务十：评价并完善方案 P10：小组间互评，交流完善方案 任务十一：实验验证 P11：组内自评，组间互评，得出结论	自主思考→提出猜想→组内交流→设计方案→组间交流→互评完善→实验验证→现象分析→得出结论→反思改进，互相评价、启发、引导、纠错、完善等	组内交流，是否关注生活中的科学(细心，留心生活处处有科学) 方案设计是否具有合理性、表述是否准确 是否有真正的小组合作、深度学习
4.大气压的应用及对人体、天气的影响	任务十二：例举大气压在生活中的一些应用，并说说其工作原理。 P12：高压锅及其工作原理 P13：离心式水泵及其工作原理 P14：真空压缩袋、吸盘、拔火罐…… P15：吸尘器及其工作原理 任务十三：说说大气压对人体的影响 P16：组内讨论，说说大气压对人的心情、呼吸等的影响，宇航服的作用 任务十四：说说大气压对天气的影响	组织学生讨论、评析 组织学生自主思考→小组合作→展示交流→生生互评、启发、引导、纠错等	语言表达是否准确、原理解释是否清晰、所举实例是否有意义……

（续表）

单元内容	学	教	评
5.大气压的应用拓展—"自制简易吸尘器"项目学习	任务十五：理解吸尘器的原理 P17：师生拆卸吸尘器，了解其工作原理	组织学生讨论、点评	组内自评、组间互评 评价设计的操作便捷性、设计的美观性、比例的合理性……
	任务十六：解构吸尘器 P18：学生拆分吸尘器，学习吸尘器的主要构造 P19：利用身边的器材（矿泉水瓶、纱布、透明胶、小电动机、剪刀、导线、电池）设计并画出简易吸尘器的图纸	组织学生自主思考→小组合作→展示交流→生生互评、启发、引导、纠错等	过程性评价：方案设计的合理性、易操作性等；学生的表达能力、实验设计能力、小组合作等
	任务十七：交流评价设计方案 P20：各小组间展示设计的方案，交流互评后适当改进 任务十八：根据设计图制作简易吸尘器 P21：小组成员分工合作，制作吸尘器 任务十九：交流评价各小组的简易吸尘器 P22：组内互评、组间互评，提出建议	生生互评、教师补充	组内自评、组间互评 从吸尘器的实用性（效果上判断）、经济性、稳固性、创意性、便携性等角度进行评价，给出建议 （结果性评价：自制吸尘器，改进的创新性、艺术性等）
	任务二十：修正完善设计方案，课后迭代升级吸尘器 课后拓展项目：课后请在上述设计的基础上，综合物理、化学、生物等知识，进一步改进或创新自己的吸尘器，设计出一个吸力更大、更符合自己家庭需要的"贴心牌"吸尘器	小组讨论修改设计方案。 一周后，全班学生讨论、互评、投票遴选出最个性化的吸尘器	遴选出吸力更大、更符合自己家庭需要的"贴心牌"吸尘器（如，更智能的吸尘器，更便携的吸尘器，更具创意的吸尘器……），并展览于学校宣传橱窗中

主要参考文献

［1］中华人民共和国教育部.义务教育科学课程标准(2022年版)［M］.北京:北京师范大学出版社,2022.

［2］陈锋.初中科学概念教学范式的创新研究［M］.上海:上海教育出版社,2017.

［3］陈锋.指向深度学习的科学教学范式创新研究［J］.上海教育科研,2019(10).

［4］乔儒,陈锋.初中科学教学设计指导［M］.杭州:浙江大学出版社,2022(8).

［5］陈锋.初中科学概念进阶教学范式的创新研究［J］.教育参考,2021(3).

［6］陈锋.初中科学概念教学新范式的实践探索［J］.上海教育科研,2016(11).

［7］陈锋.初中科学概念教学范式创新研究［J］.教育评论,2016(11).

［8］陈锋.基于以任务为中心的初中物理概念教学的高效设计［J］.物理教学,2014(7).

［9］陈锋.基于HPS理论的概念教学范式研究［J］.教育参考,2017(5).

［10］陈锋.复习课的问题透视与增效策略［J］.上海教育科研,2014(5).

［11］陈锋,李红燕.指向深度学习的单元教学设计及实践—以科学概念学习为例［J］.教育参考,2019(4).

［12］陈锋,杨丽娟.初中科学探究式教学的设计和实践［J］.生物学教学,2002(6).

［13］杨丽娟,陈锋."光合作用"一课的实例分析［J］.生物学通报,2004

(7).

[14] 徐苗娟,陈锋.素养导向的任务型复习课研究[J].物理教学探讨,2023(8).

[15] 赵萍,陈锋.指向学科核心素养的初中科学微项目化学习范式研究[J].物理教学探讨,2022(4).

[16] 王健,陈锋.基于"ARCS"模型的初中物理问题解决的教学设计[J].物理教学探讨,2016(7).

[17] 崔允漷,等.新课程关键词[M].北京:教育科学出版社,2023.

[18] [美]戴维·梅里尔.首要教学原理[M].盛群力,钟丽佳,等,译.福州:福建教育出版社,2016.

[19] 盛群力,等.参与就是能力—"ICAP学习方式分类学"研究述要与价值分析[J].开放教育研究,2017(4).

[20] 盛群力,李志强.现代教学设计论[M].杭州:浙江教育出版社,1988.

[21] 蔡铁权,等.概念转变的科学教学[M].北京:教育科学出版社,2009.

[22] 蔡铁权.科学哲学观点的变化对科学教育的影响[J]全球教育展望,2008.

[23] 蔡铁权.从科学社会学认识科学教育的改革[J].全球教育展望,2009.

[24] 蔡铁权,等.物理概念的内涵、层次和架构[J].物理教学.2019(6).

[25] 张华.让学生创造着长大[M].北京:教育科学出版社,2022.

[26] 余文森.新时代中国课堂教学改革与创新[M].北京:教育科学出版社,2024.

[27] 陈琦,刘儒德.当代教育心理学[M].北京:北京师范大学出版社,1998.

[28] 施良方.学习论:学习心理学的理论与原理[M].北京:人民教育出版社,1994.

[29] 叶浩生.身体与学习:具身认知及其对传统教育观的挑战[J].教育研究,2015(4).

[30] 吴娴,罗星凯,辛涛.概念转变理论及其发展述评[J]心理科学进展.2008,16(6).

[31] 陈红兵.探索学习的必要条件[J].课程.教材.教法.2014,34(6).

[32] 袁维新,吴庆麟.问题解决:涵义、过程与教学模式[J].心理科学.

2010.33(1).

[33] 彭程.中学化学基本概念分类及意义建构教学设计实践[D].长沙:湖南师范大学,2015.

[34] 何晔,盛群力,理解的六种维度观[J].全球教育展望.2006.

[35] 郑太年.真实学习:意义、特征、挑战与设计[J].远程教育杂志.2011(2).

[36] 任长松."探究"概念辨析[J].全球教育展望.2014(8).

[37] Schnotz W., Vosniadou S. & Carretero N.. New Perspectives on Conceptual Change[M]. New York: Elsevier Science Ltd,1999.263.

[38] Posner G. J., Strike K. A. & Hewson P. W. et al. Accommodation of a scientific conception: Toward a Theory of Conceptual Change [J]. Science Education,1982,66(2):211-227.

[39] Tyson L. M., Venville G. J., Harrison A. G. et al. A multidimensional framework for interpreting conceptual change events in the classroom[J]. Science Education,1997,81(4):387-404.

[40] Chi, M. T. H., Slotta, J. D. & deLeeuw, N. From things to processes: A theory of conceptual change for learning science conception[J]. Learning and Instruction,1994(4):27-43.

[41] Paul Thagard. Conceptual Revolutions [M] Princeton: Princeton university press.1992.34-61.

图书在版编目（CIP）数据

指向核心素养的科学高阶课堂新样态 / 陈锋著.
上海：上海教育出版社，2024.8. — ISBN 978-7-
5720-2904-2

Ⅰ. G633.72

中国国家版本馆CIP数据核字第2024RT3016号

责任编辑　李　玮
封面设计　郑　艺

指向核心素养的科学高阶课堂新样态
陈　锋　著

出版发行　上海教育出版社有限公司
官　　网　www.seph.com.cn
地　　址　上海市闵行区号景路159弄C座
邮　　编　201101
印　　刷　上海商务联西印刷有限公司
开　　本　700×1000　1/16　印张 13.5
字　　数　206 千字
版　　次　2024年11月第1版
印　　次　2024年11月第1次印刷
书　　号　ISBN 978-7-5720-2904-2/G·2570
定　　价　69.00 元

如发现质量问题，读者可向本社调换　电话：021-64373213